Teoria Do Mundo Multipolar

Aleksandr Dugin

IAEG
Instituto de Altos Estudos em Geopolítica
& Ciências Auxiliares
Lisboa, 2012

Com o alto patrocínio do Movimento Internacional Eurásico
www.evrazia.org

Título Original:
Theory of the Multipolar World

Esta Edição:
Teoria do Mundo Multipolar

Autor:
Aleksandr Dugin

Tradução:
Flávio Gonçalves

Revisão:
Álvaro Fernandes

Impressão:
Publidisa

Depósito Legal: 350563/12
ISBN: 978-989-97773-1-6

Impresso na União Europeia
Impresso, simultaneamente, nos EUA

Revisão, Maquetagem e Distribuição:
IAEG

Para obter informação acerca dos preços de compra
por atacado e consignações, é favor contactar:
PORTUGAL: iaegca@gmail.com
BRASIL: didimo.george@gmail.com

IAEG
Instituto de Altos Estudos em Geopolítica & Ciências Auxiliares
http://iaeg.geopol.com.pt

Teoria Do Mundo Multipolar

Aleksandr Dugin

IAEG
Instituto de Altos Estudos em Geopolítica
& Ciências Auxiliares

Colecção:
Geopolítica & Relações Internacionais
Volume 01

Todas as notas são do autor, salvo informação em contrário.

Índice

III

Base Teórica do Mundo Multipolar • 65

Teoria do Mundo Multipolar

I
Multipolarismo
Definição e Diferenciação de Significados

Preâmbulo

Dum ponto de vista estritamente científico, até à data não existe qualquer teoria plena e detalhada acerca da Teoria do Mundo Multipolar (TMM)[1]. Tal também não se encontra entre as teorias e paradigmas clássicos das Relações Internacionais (RI)[2]. Procuraríamos em vão por esta por entre as mais recentes teorias pós-positivistas. Para o efeito é desenvolvida no seu aspecto mais flexível e sintetizado - na esfera da investigação geopolítica, que abrange cada vez mais essas temáticas que são "deixadas de fora" ou tratadas de modo preconceituoso no que às relações internacionais diz respeito.

Contudo, surgem cada vez mais obras nos campos dos negócios estrangeiros, da política mundial, da geopolítica e, até, das relações internacionais dedicadas à temática da multipolaridade. Um número cara vez maior de autores tenta compreender e descrever a multipolaridade, seja como modelo, fenómeno, precedente ou como possibilidade.

O tema da multipolaridade tem sido, de algum modo, abordado nas obras de David Kampf, especialista em RI (no seu artigo "Emergência de um mundo multipolar"[3]), do historiador Paul Kennedy, da Universidade de Yale (no seu livro *"Ascensão e Queda das Grandes Potências"*[4]), do geopolitólogo Dale Walton (no seu livro *"Geopolítica e as Grandes Potências do Séc. XXI. A Multipolaridade e a Revolução do Ponto de Vista Estratégico"*[5]) e o cientista político americano Dilip Hiro (na sua obra *"Depois do Império. O Nascimento de um Mundo Multipolar"*[6]), entre

---

[1]Doravante utilizaremos o acrónimo TMM como abreviação para Teoria do Mundo Multipolar.

[2]Utilizaremos a expressão "Relações Internacionais" em letra maiúscula ou o acrónimo RI quando se der o caso de tratarmos de um assunto específico dessa disciplina da Ciência Política, cuja institucionalização académica data de há mais de 100 anos. Utilizaremos o mesmo termo em minúsculas ("relações internacionais") quando nos referirmos concretamente a essas relações e não à disciplina que as investiga.

[3]Kampf, David, "The Emergence of a Multipolar World" in *Foreign Policy*, 20 de Outubro, 2009. http://foreignpolicyblogs.com/2009/10/20/the-emergence-of-a-multipolar-world/

[4]Kennedy, Paul, *The Rise and Fall of the Great Powers*, Unwin Hyman, 1988. Edição portuguesa: *Ascensão e Queda das Grandes Potências*, Europa-América, 1997 (2ª Ed.).

[5]Walton, Dale C, *Geopolitic and the great Powers in the Twenty-first Century. Multipolarity and the revolution in the strategic perspective*, Nova Iorque, Routledge, 2007.

[6]Hiro, Dilip, *After Empire. The birth of a multipolar world*, Nova Iorque, Nation Books, 2009.

outros. O que mais se aproximou, no nosso entender, da compreensão do sentido da multipolaridade foi Fabio Petito, especialista britânico em RI, que tentou elaborar uma alternativa séria e substancial ao mundo unipolar com base nos preceitos legalistas e filosóficos de Carl Schmitt[7].

Uma "ordem mundial multipolar" é também uma presença frequente nos discursos e nos textos de algumas personalidades políticas e de alguns jornalistas influentes. Assim sendo, a Secretária de Estado Madeleine Albright, que inicialmente apodava os Estados Unidos de "nação indispensável", a 2 de Fevereiro de 2000 afirmou que os EUA não queriam "estabelecer nem forçar" um mundo unipolar e que a integração económica já tinha criado "*um determinado mundo que já pode ser chamado de multipolar*". A 26 de Janeiro de 2002, na coluna editorial do "New York Times" falava-se abertamente da "*emergência de um mundo multipolar*" juntamente com a China, que "agora se senta à mesa juntamente com outros centros de poder, tais como Bruxelas ou Tóquio". A 20 de Novembro de 2008, o relatório "Tendências Globais para 2025", do Conselho Nacional de Informação dos EUA, indicava que seria de esperar nas dentro de duas décadas a emergência de um "*sistema multipolar global*".

Desde 2009 que Barack Obama, o presidente dos EUA, tem sido visto por muitos como o precursor de uma nova "era multipolar", acreditando que este irá dar prioridade, no que à política externa dos EUA diz respeito, às potências emergentes, tais como o Brasil, a China, a Índia e a Rússia. A 22 de Julho de 2009, durante a sua visita à Ucrânia, o vice-presidente Joseph Biden afirmou o seguinte: "estamos a tentar construir um mundo multipolar".

Contudo, nenhum destes livros, artigos e afirmações contém uma definição concisa acerca da realidade de um mundo multipolar (MM), nem, sequer, uma teoria coerente e consistente para a sua construção (TMM). O tratamento mais comum do "multipolarismo" indica meramente que, no actual processo de globalização, o incontestado centro nuclear do mundo moderno (EUA, Europa e um "Ocidente global" no sentido mais amplo) se defrontam com novos concorrentes – potências regionais prósperas ou meramente influentes e blocos de poder, pertencentes ao "segundo" mundo. A comparação de força entre as potências dos EUA e da Europa, por um lado, e das novas potências ascendentes (China, Índia, Rússia, América Latina, etc.), pelo outro, demonstram cada vez mais a relatividade da tradicional superioridade do

---

[7]Petito, Fabio, "Dialogue of Civilizations as Global Political Discourse: Some Theoretical Reflections" in *The Bulletin of the World Public Forum 'Dialogue of Civilizations'*, vol. 1 no. 2, 21-29, 2004.

Ocidente e colocam novas questões acerca da lógica dos processos que determinam a arquitectura global das forças à escala planetária – seja na política, na economia, na energia, na demografia, na cultura, etc.

Todos estes comentários e observações são cruciais para a construção da Teoria do Mundo Multipolar, mas de nenhum modo destacam a sua ausência. Devem ser considerados aquando da elaboração de tamanha teoria, mas de nada vale a sua natureza fragmentada e desigual, não chegando sequer ao nível primário de uma hipotética generalização conceptual.

Mas, pese embora tudo isto, ouvimos cada vez mais a menção de uma ordem mundial multipolar em cimeiras oficiais, em congressos e em conferências internacionais. Os laços à multipolaridade encontram-se já presentes num número importante de acordos inter-governamentais[8] e nos textos conceituais das estratégias de segurança e defesa de certos países influentes e poderosos (China, Rússia, Irão, parte da UE). Assim sendo, hoje, mais do que nunca, torna-se crucial dar o passo em frente para o pleno desenvolvimento da Teoria do Mundo Multipolar, de acordo com os requisitos básicos do campo académico.

A multipolaridade não coincide com o modelo nacional da organização mundial enraizado na lógica do sistema westphaliano

Antes de avançarmos para a construção detalhada da Teoria do Mundo Multipolar (TMM), devemos caracterizar solidamente a área conceptual investigada. Para tal, iremos considerar os conceitos base e definir aquelas formas da ordem global mundial, que temos a certeza de não serem multipolares, em relação às quais a multipolaridade é uma alternativa.

Comecemos pelo sistema Westphaliano, que reconhece a soberania absoluta do Estado-nação e constrói sobre este toda a base legal das Relações Internacionais. Este sistema, desenvolvido depois de 1648 (o fim da Guerra dos Trinta Anos na Europa), passou por diversos estágios e, de certo modo, reflectia a realidade objectiva até ao final da Segunda Guerra Mundial. Nasceu com a rejeição das reivindicações de universalismo e de "missão divina" dos impérios medievais, e assentava com as reformas burguesas ocorridas nas sociedades europeias, com base no preceito de que só um Estado nacional possuí a mais alta soberania e de que fora deste não pode existir qualquer instância que tenha o direito legal de interferir na política interna desse Estado – sejam quais forem os

[8]Veja o Capítulo II desta obra.

objectivos e propósitos (religiosos, políticos ou outros) que o guiem. Do final do século XVII até meados do século XX, este princípio predeterminou a política europeia e, de igual modo, embora com certas emendas, foi adoptado por outros países do mundo.

O sistema Westphaliano dizia originalmente respeito apenas às potências europeias, bem como às suas colónias, que eram vistas como uma mera *continuação* dessas potências, não possuindo o necessário potencial político e económico necessário para a pretensão a uma soberania independente. Desde princípios do século XX, durante a descolonização, o mesmo princípio Westphaliano estendeu-se às ex-colónias.

Este modelo Westphaliano pressupõe *uma igualdade absoluta* entre todos os Estados soberanos. Neste modelo existem tantos pólos decisores de negócios estrangeiros quantos *Estados soberanos* existam no mundo. Esta regra (padrão) ainda vigora, por inércia, e toda a lei internacional nela se baseia.

Mas na prática, claro está, há uma *desigualdade* e uma subordinação hierárquica entre os vários Estados soberanos. Na Primeira e na Segunda Guerras Mundiais a distribuição do poder entre as principais potências mundiais levou ao confronto entre blocos separados, nos quais as decisões eram tomadas no país que mais influência detinha entre os seus aliados.

Como resultado da Segunda Guerra Mundial, devido à derrota da Alemanha nazi e das potências do Eixo, o sistema global desenvolveu um sistema bipolar de relações internacionais, o chamado Sistema Bipolar de Ialta. A lei internacional de jure continuou a reconhecer a soberania absoluta de todo e qualquer Estado-nação. De facto, as decisões de base acerca dos assuntos mais importantes da ordem mundial e da política global eram tomadas *apenas por dois centros* – Washington e Moscovo.

O mundo multipolar difere do sistema Westphaliano clássico devido ao facto de que não reconhece ao Estado-nação individual, legalmente e formalmente soberano, *o estatuto de um pólo de pleno direito*. Isto significa que o número de pólos de um mundo multipolar devia ser substancialmente inferior ao número de Estados-nação reconhecidos (e não reconhecidos). A vasta maioria desses Estados não consegue actualmente tratar da sua própria segurança nem da sua prosperidade perante o conflito teoricamente possível com a potência hegemónica (que no nosso mundo está claro serem os EUA). Assim sendo, encontram-se política e economicamente *dependentes* de uma autoridade externa. Sendo dependentes, não podem ser centros de uma vontade verdadeiramente *independente e soberana* no que diz respeito às questões globais da ordem mundial.

O multipolarismo não é um sistema de relações internacionais, que insiste em que a igualdade legal entre os Estados-nação é contemplada como sendo o *real* estado das relações. Trata-se meramente da fachada de uma visão muito diferente do mundo, tendo por base o balanço real do poder em vez do balanço nominal das forças e das capacidades estratégicas.

O multipolarismo lida com a situação que exista de facto e não de jure, tendo por origem a constatação da *desigualdade fundamental* entre os Estados-nação num modelo de mundo moderno e empiricamente fixável. Mais, a estrutura desta desigualdade é a de que as potências secundárias e terciárias não têm como defender a sua soberania perante o desafio externo da potência hegemónica, qualquer que seja a efémera constituição do bloco. Isto significa que, actualmente, essa soberania não passa de uma *ficção legal*.

Multipolarismo não é bipolarismo

Após a Segunda Guerra Mundial desenvolveu-se um sistema bipolar no mundo, também baptizado de Sistema Bipolar de Ialta. Formalmente, continua a insistir no reconhecimento da absoluta soberania de todos os Estado e, com base neste princípio, organizou-se a ONU, que continuou o trabalho da Liga das Nações. Contudo, na prática, no mundo surgiram dois centros de decisão global - Os EUA e a URSS. Os EUA e a URSS foram dois sistemas político-económicos alternativos: ou seja, o capitalismo global e o socialismo global, de modo que o bipolarismo estratégico tinha por base no dualismo ideológico e filosófico – o liberalismo versus o marxismo.

O mundo bipolar tinha por base a *paridade* económica, militar e estratégica dos EUA e da URSS, na comparação simétrica do potencial de cada um dos campos opostos. Ao mesmo tempo, nenhum outro país fosse em que campo fosse tinha o potencial acumulativo, nem sequer o mais remotamente, comparável ao poderio de Moscovo ou de Washington. Consequentemente, à escala global existiam *duas hegemonias*, cercadas por uma constelação de países aliados (semi-vassalos no sentido estratégico). Neste modelo, a soberania nacional dos países, que era formalmente reconhecida, perdia gradualmente o seu peso. Antes de mais, todos os países estavam dependentes da política global dessa hegemonia no que dizia respeito à zona de influência a que pertenciam. Assim sendo, não eram independentes e os conflitos regionais (normalmente potenciais em zonas do Terceiro

Mundo) rapidamente escalavam para um *conflito entre as suas super-potências*, ansiando redistribuir o balanço da influência planetária aos "territórios em disputa". Tal explica os conflitos na Coreia, no Vietname, em Angola, no Afeganistão, etc.

No mundo bipolar, existia também uma terceira força – o Movimento dos Não-Alinhados. Consistia de alguns países do Terceiro Mundo que recusavam optar inequivocamente em favor fosse do capitalismo ou do socialismo e que preferiam manobrar-se por entre os interesses antagónicos dos EUA e da URSS. Em certa amplitude, alguns conseguiram fazê-lo, mas a possibilidade de um não-alinhamento em si própria parte do pressuposto da existência de dois pólos, que em determinado grau de contrabalanceiam um ao outro. E estes "países não-alinhados" não conseguiram de qualquer modo criar um "terceiro pólo", condescendendo com os principais parâmetros das super-potências, estando demasiado fragmentados e não se consolidando uns com os outros, sem uma plataforma socioeconómica comum. O mundo estava dividido entre o Ocidente capitalista (o Primeiro Mundo, o Ocidente), o Leste socialista (o Segundo Mundo) e "o resto" (o Terceiro Mundo), para além disso "todos os outros" representavam em todos os sentidos a *periferia do mundo*, na qual ocasionalmente se encontravam os interesses das super-potências. Entre as super-potências, propriamente deitas, a probabilidade de conflito estava praticamente posta de parte devido à paridade (a mútua aniquilação causada pelas armas nucleares). As áreas preferenciais para uma revisão parcial do balanço de poder eram os países periféricos (na Ásia, na África e na América Latina).

Após a queda de um dos dois pólos (a União Soviética colapsou em 1991), caiu também o sistema bipolar. Tal criou as condições prévias necessárias ao advento de uma ordem mundial alternativa. Muitos analistas e especialistas em RI falam acertadamente acerca "do fim do sistema de Ialta"[9] Reconhecendo a soberania de jure, a Paz de Ialta foi construída de facto com base no princípio do balanço entre as duas hegemonias simétricas e relativamente equilibradas. Com a saída de cena de uma das hegemonias, todo o sistema deixou de existir. Tinha chegado a altura de uma ordem mundial *unipolar*, ou o "momento unipolar"[10]

---

[9]Safire, William, "The End of Yalta" in *New York Times*, 9 de Julho de 1997.

[10]Krauthammer, Ch., "The Unipolar Moment" in *Foreign Affairs*, 1990/1991 Inverno. Vol. 70, No 1. C. 23-33.

Um mundo multipolar não é um mundo bipolar (tal qual o conhecemos na segunda metade do século XX), uma vez que *no mundo actual não há qualquer potência que consiga por si só resistir ao poder estratégico dos Estados Unidos e dos países da OTAN*, para além disso não existe qualquer ideologia generalizada e coerente capaz de unir grande parte da humanidade numa oposição duramente ideológica à ideologia da democracia liberal, do capitalismo e dos "direitos humanos", nas quais se baseia a nova, e *única*, hegemonia dos Estados Unidos. Nem a Rússia moderna, nem a China, nem a Índia, nem qualquer outro Estado, *conseguem sozinhos ter a pretensão de atingir o estatuto de segundo pólo*. A recuperação do bipolarismo é impossível graças a razões ideológicas (o fim do apelo generalizado do marxismo), e graças ao poderio e recursos técnicos e militares acumulados (os EUA e os países da OTAN nos últimos 30 anos atingiram um nível tal que é impossível a qualquer país competir com eles nas esferas militar, estratégica, económica e técnica).

O multipolarismo não é compatível com um mundo unipolar

O colapso da União Soviética significou o desaparecimento de uma super-potência simétrica e influente bem como ainda o desaparecimento de um gigantesco campo ideológico. Foi *o fim de uma das duas hegemonias globais*. Toda a estrutura da ordem mundial daí para a frente tornou-se irreversivelmente e qualitativamente diferente. Com isto o pólo remanescente - liderado pelos Estados Unidos e tendo por base a ideologia liberal-democrata capitalista - preservou-se fenomenalmente e continuou a expandir o seu sistema sociopolítico (democracia, mercado, ideologia dos direitos humanos) a uma escala global. É precisamente a isto que se chama *mundo unipolar*, a ordem mundial unipolar. Em tal mundo há *um só centro decisor a tratar de todas as grandes questões globais*. O Ocidente, e o seu núcleo, a comunidade Euro-Atlântica, liderados pelos Estados Unidos, encontram-se no papel da única *hegemonia* possível. Todo o espaço planetário neste cenário não passa de uma tripla regionalização (descrita em pormenor na teoria neo-marxista de E. Wallerstein[11]):

- Zona núcleo ("Norte rico", "centro").
- Periferia mundial ("Sul pobre", "periferia").
- Zona de transição ("semi-periferia", inclui os principais países que actualmente se desenvolvem em direcção ao capitalismo: China, Índia,

[11]Wallerstein, I, *Geopolitics and geoculture: essays on the changing world-system*. Cambridge, Press Syndicate, 1991.

Brasil, alguns países do Pacífico, bem como a Rússia, que por inércia mantém um significativo potencial estratégico, económico e energético).

Nos anos 90 aparentemente já se tinha conseguido estabelecer um mundo unipolar, e alguns analistas dos EUA com base nisto proclamaram a tese do "fim da História"[12] (Fukuyama). Esta tese defendia que o mundo se encontrava ideologicamente, politicamente, economicamente e socialmente *homogeneizado* e que doravante todos os processos que nele ocorram não decorrerão de um drama histórico que tenha por base o combate das ideias e dos interesses, mas tão só a concorrência económica (relativamente pacífica) dos membros do mercado – semelhante à construção da política interna dos regimes democráticos liberais. A democracia torna-se global. No planeta existem apenas o Ocidente e os seus arredores, ou seja, aqueles países que gradualmente nele se irão integrar.

A concepção mais detalhada da teoria do unipolarismo foi apresentada pelos neo-conservadores americanos, que realçam o papel dos EUA na nova ordem mundial global, por vezes louvando abertamente os Estados Unidos – o "Novo Império" (R. Kaplan[13]), "benévola hegemonia mundial" (U. Kristol, R. Keygan[14]) antecipando a ofensiva do "Século Americano" (Projecto Para um Novo Século Americano[15]). O unipolarismo obteve o seu fundamento teórico no neo-conservadorismo. A futura ordem mundial era vista como sendo uma construção americanocêntrica, em cujo núcleo se encontram os EUA no papel de árbitro global e personificação dos princípios da "liberdade e da democracia", em torno deste núcleo estrutura-se uma constelação de outros países que reproduzem o modelo americano, variando apenas no grau de rigor com que o reproduzem. Variam tanto no campo geográfico quanto no grau de semelhança para com os Estados Unidos:

- No círculo interno – os países da Europa e o Japão.
- Depois, os países liberais e prósperos da Ásia.
- Por fim, todos os outros.

---

[12]Фукуяма Ф. Конец истории и последний человек. М.: АСТ, 2004.

[13]Kaplan, R.D. *Imperial Grunts: On the Ground with the American Military, from Mongolia to the Philippines to Iraq and Beyond.* NY: Vintage, 2006.

[14]Fukuyama, Francis, "After Neoconservatism" in *The New York Times Magazine.* 2006-02-19.

[15] http://www.newamericancentury.org/

Todas as zonas, situadas em torno da "América Global" em diferentes órbitas, são incluídas no processo de "democratização" e "americanização". A disseminação dos valores americanos vai a par com a implementação prática dos interesses americanos e com a expansão das zonas de influência directa americana a uma escala global.

A nível estratégico, a unipolaridade expressa-se no papel predominante dos EUA na OTAN bem como na superioridade assimétrica das capacidades militares dos países da OTAN, quando comparadas com todas as nações do mundo.

Em paralelo a tudo isto, o Ocidente ultrapassa os restantes países não-ocidentais em potencial económico, nível de desenvolvimento de tecnologia de ponta, etc. E o mais importante: o Ocidente é a matriz, onde *historicamente foram criados e estabelecidos os sistemas de normas e valores que são agora vistos como o padrão universal por todos os países do mundo*. Podemos referir-nos a isto como hegemonia intelectual global que, por um lado, mantém a estrutura técnica do controlo global e, por outro, se encontra no centro do paradigma predominante do planeta. A hegemonia material faz par com a hegemonia espiritual, intelectual, cognitiva, cultural e informativa.

Por princípio, a elite política americana guia-se precisamente pela consciência que tem desta abordagem hegemónica, contudo isto é mais claro e transparente entre os neo-conservadores, enquanto os representantes de outras orientações políticas e ideológicas preferem expressões mais dinâmicas. Nem sequer os críticos do mundo unipolar existentes nos Estados Unidos desafiam este princípio da "universalidade" dos valores americanos e anseiam a sua aprovação ao nível global. A objecção tem por base o realismo da extensão deste projecto a médio ou a longo prazo e a dúvida acerca dos EUA serem capazes de aguentarem sozinhos o império global.

O desafio a um domínio americano tão aberto e directo, que aparentava ser um *fait accompli* nos anos 90, levou alguns analistas americanos (um deles Charles Krauthammer, que criou o conceito) a falar acerca do fim do "momento unipolar"[16].

Mas, apesar de tudo, foi exactamente a *unipolaridade*, de uma forma ou outra - de forma assumida ou camuflada - o modelo para a ordem mundial, que se tornou numa realidade depois de 1991, e assim permanece até hoje.

---

[16]Krauthammer, Charles; "The Unipolar Moment Revisited" in *National Interest*, volume 70, pp. 5-17. Inverno 2002.

Na prática, a unipolaridade vem a par com a salvação nominal do sistema Westphaliano com os resíduos inertes do mundo bipolar. A soberania de jure de todos os Estados-nação é ainda reconhecida, e o Conselho de Segurança da ONU ainda reflecte um balanço parcial do poder, correspondente às realidades da "Guerra Fria". Assim sendo, a hegemonia americana de facto encontra-se presente juntamente com uma série de instituições internacionais, que exprimem o balanço do poder de outras eras e ciclos da História das relações internacionais. As contradições entre as situações de facto e de jure recordam-nos constantemente a sua condição, principalmente quando surgem actos de intervenção directa por parte dos EUA ou de alguma coligação ocidental contra outros Estados soberanos (por vezes ignorando o veto de tais acções por parte do Conselho de Segurança da ONU). Em tais casos, como a invasão do Iraque por tropas dos EUA em 2003, vemos o exemplo de uma violação unilateral do princípio da soberania de um Estado independente (ignorando o modelo westphaliano), a recusa em levar em conta a posição da Rússia (de Vladimir Putin) no Conselho de Segurança da ONU e até do desrespeito de Washington pelos protestos dos parceiros europeus da OTAN (Jacques Chirac, da França e Gerhard Schroeder, da Alemanha).

Os apoiantes mais consistentes da unipolaridade (por exemplo, o republicano John McCain) insistem no reforço da ordem internacional alinhada com o balanço real das forças. Propõem a criação de um modelo um tanto ou quanto diferente do da ONU – "Liga das Democracias"[17], no qual a posição dominante dos EUA, ou seja o unipolarismo, tenha sido *legislada*. Tamanho projecto de legalização estrutural das relações internacionais da hegemonia americana pós-Ialta, a legalização de um mundo unipolar e do estatuto hegemónico do "Império Americano" – é uma das possíveis vias da evolução do sistema político global.

Salta à vista que a ordem mundial multipolar não só difere da unipolar, como *é a sua directa antítese*. A unipolaridade pressupõe *uma* hegemonia e um centro decisor, a multipolaridade insiste nuns *quantos centros*, não detendo nenhum deles direitos exclusivos e é concebida para ter em conta as posições de terceiros. *Assim sendo, a multipolaridade é a alternativa lógica e directa à unipolaridade.* Não pode haver qualquer compromisso entre ambas: sob as leis da lógica – *o mundo é unipolar ou multipolar*. Aqui o importante não é a particularidade legal do modelo adoptado, mas o que é de facto. Na era

---

[17]McCain, John; "America must be a good role model" in *Financial Times*, 18 de Março de 2008.

da "Guerra Fria" os diplomatas e os políticos reconheciam, relutantemente, a "bipolaridade" que, contudo, era um facto óbvio. Assim sendo, é necessário separar a linguagem diplomática da realidade concreta. O mundo unipolar – é a *real* ordem mundial até à data. Só podemos afirmar se é boa ou má, se nos encontramos na sua alvorada ou, alternativamente, no seu declínio, se irá demorar muito tempo ou se, pelo contrário, irá acabar rapidamente. Mas permanece o facto. *Vivemos num mundo unipolar*. O momento unipolar ainda permanece (embora alguns analistas estejam convictos de quem está a chegar ao seu fim).

O mundo multipolar não é um mundo apolar

Os críticos americanos da unipolaridade estrita, em especial os rivais ideológicos dos neo-conservadores, concentrados no "Conselho de Relações Externas", propõem outro termo em vez de unipolarismo – *não-polarismo*[18]. Este conceito tem por base a sugestão de que os processos de globalização irão continuar a desenrolar-se e que o modelo ocidental da ordem mundial irá expandir a sua presença a todos os países e povos da Terra. Assim sendo, a hegemonia intelectual e a hegemonia dos valores do Ocidente irá continuar. O mundo global será o mundo do liberalismo, da democracia, do livre mercado e dos direitos humanos. Mas o papel dos EUA como potência *nacional* e bastião da globalização, de acordo com os defensores desta teoria, irá diminuir. Em vez de uma hegemonia directamente americana, irá emergir um modelo de "governo mundial", no qual participarão os representantes de vários países, defendendo os valores comuns e tentando estabelecer um só espaço económico e socioeconómico em todo o mundo. Aqui, uma vez mais, nos deparamos com uma analogia ao "fim da História" de Fukuyama, descrito por outras palavras.

O mundo apolar terá por base a cooperação entre países democráticos (por defeito). Mas o processo de formação irá incluir, gradualmente, outros intervenientes não-estatais – ONGs, movimentos sociais, grupos isolados de cidadãos, comunidades em rede, etc.

A principal prática na construção do mundo apolar é a dissipação do poder decisor de uma única instância (actualmente Washington) para muitas instâncias de nível inferior – indo ao extremo de referendos planetários, de modo online, acerca dos maiores eventos e acções de toda a humanidade.

---

[18]Haass, Richard N.; "The Age of Nonpolarity. What Will Follow U.S. Dominance" in *Foreign Affairs*, Maio/Junho de 2008.

A economia irá governar sob a política e a competição dos mercados irá varrer todas as barreiras alfandegárias do mundo. A preocupação acerca da segurança do Estado será entregue aos cidadãos. Será a era da *democracia global*.

Esta teoria coincide com as principais características da teoria da globalização que nos surgem num estado tal, capaz de substituir o mundo unipolar. Mas só com base na *condição* de que o modelo tecnológico e económico (a democracia liberal) bem como o modelo dos valores promovidos hoje pelos EUA e pelos países ocidentais se irão transformar num *fenómeno universal* e que já não será necessária uma protecção estrita dos ideais democráticos e liberais dos EUA – todos os regimes, resistentes ao Ocidente, à democratização e à americanização já terão sido eliminados aquando do advento do mundo apolar.

A elite será semelhante em todos os países, homogénea, capitalista, liberal e democrata – ou seja, "ocidental", seja qual for a sua origem histórica, geográfica, religiosa e nacional.

O projecto de um mundo apolar é apoiado por muitos políticos influentes e por grupos financeiros – dos Rothschild até George Soros e as suas fundações.

Este projecto apolar tem em vista o futuro. Pensa o como e o quando de uma formação global, que irá *substituir* o unipolarismo, será estabelecida. Não se trata de uma alternativa, mas de uma *continuação*. E esta continuação só será possível quando o centro decisor da sociedade se mover da actual aliança entre dois níveis de hegemonia – *material* (o complexo militar industrial americano, a economia e os recursos ocidentais) e *espiritual* (padrões, procedimentos, valores) – para uma *hegemonia puramente intelectual*, à qual se junta a redução gradual da importância do domínio material.

Trata-se, nomeadamente, da *sociedade da informação global*, na qual os principais processos de domínio e decisão farão parte do campo dos serviços de informação, do controlo mental e da programação do mundo virtual.

O mundo multipolar não pode ser combinado com o modelo do mundo apolar, uma vez que não aceita a validade do momento unipolar como prelúdio de uma futura ordem mundial, tal como não aceita nem a hegemonia intelectual do Ocidente, nem a universalidade dos seus valores, nem a dissipação das decisões numa multiplicidade planetária, não importa qual a sua identidade cultural e civilizacional. O mundo apolar sugere que o modelo do cadinho [melting pot] americano se irá estender a todo o mundo. Consequentemente, isto irá eliminar todas as diferenças entre povos e culturas e a humanidade, individualizada e atomizada, será transformada numa cosmopolita 'sociedade civil' sem quaisquer fronteiras. O multipolarismo pressupõe que os centros decisores sejam suficientemente relevantes (mas não dependentes de uma única instância – como nas actuais condições do mundo unipolar) e que as especifidades culturais de cada civilização sejam preservadas e fortalecidas (e não dissolvidas numa só multiplicidade cosmopolita).

Multipolaridade não é o mesmo que multilateralismo

Outro modelo de ordem mundial, um tanto ou quanto distanciado da hegemonia directa dos EUA, é o *mundo multilateral* (multilateralismo). Este conceito encontra-se muito disseminado no seio do Partido Democrata dos EUA, e foi formalmente adoptado pela política externa da administração do presidente Obama. No contexto dos debates acerca da política externa americana, esta abordagem opõe-se ao unipolarismo, no qual insistem os neo-conservadores.

Na prática, o multilateralismo defende que os EUA não devem agir no campo das relações internacionais fiando-se apenas no seu poderio, arrastando de modo autoritário todos os seus aliados e "vassalos". Pelo contrário, Washington deve ter em consideração a posição dos seus parceiros, persuadi-los e debater as suas soluções dialogando com eles, trazendo-os para o seu lado por intermédio da argumentação racional e, por vezes, propostas de compromisso.

Em tal situação os Estados Unidos seriam os "primeiros entre os iguais" em vez do "ditador entre os seus subordinados". Isto impõe que a política externa dos Estados Unidos certas obrigações para com os seus aliados nas políticas globais e exige a obediência a uma estratégia mais ampla. Neste caso, essa estratégia mais ampla é a *estratégica ocidental de estabelecer uma democracia e um mercado globais e implementar a ideologia dos direitos humanos a uma escala global.* Mas, no decorrer deste processo, sendo os EUA os líderes, o interesse nacional destes não equivale aos valores "universais" da civilização ocidental, em cujo nome agem. Nalguns casos, é preferível operar no seio de uma coligação e, por vezes, até efectuar algumas cedências aos seus parceiros.

O multilateralismo difere do unipolarismo graças à ênfase que dá ao Ocidente em geral, principalmente à sua componente "meritória" (ou seja, a "norma"). Nisto os defensores do multilateralismo convergem com os que advogam a emergência de um mundo apolar. A única diferença entre o multilateralismo e o apolarismo é o facto do multilateralismo ter por base a coordenação interna dos países democráticos do Ocidente enquanto que o apolarismo inclui, entre os seus actores, autoridades *não estatais* – ONGs, redes, movimentos sociais, etc.

É de realçar que, na prática, a política multilateralista de Obama, inúmeras vezes mencionada por este, e pela Secretária de Estado, Hillary Clinton, não difere muito da era do imperialismo directo e transparente de George W. Bush, na qual predominavam os neo-conservadores. As intervenções militares dos EUA continuaram (Líbia) e as tropas dos EUA permaneceram no Iraque e no Afeganistão ocupados.

O mundo multipolar não assenta numa ordem mundial multilateral, uma vez que se opõe ao universalismo dos valores do Ocidente e não reconhece a legitimidade do "Norte rico" – por si só ou colectivamente – em agir em nome de toda a humanidade e agir como único centro de decisão em todas as questões de maior importância.

Conclusão

A diferenciação do termo "mundo multipolar" da cadeia de termos alternativos ou co-similares realça o campo semântico no qual continuaremos a elaborar a teoria do multipolarismo. Até agora debruçamo-nos apenas sobre o que a ordem mundial multipolar *não é*, as negações e as diferenciações, por si só, permitem-nos distinguir e contrastar uma série de características constituintes bastante *positivas.*

Se generalizarmos esta parte positiva, que surge por entre uma série de distinções, ficamos com uma ideia aproximada.

1. O mundo multipolar é *uma alternativa radical ao mundo unipolar* (que existe de facto na actual situação) dado que insiste na presença de *uns quantos* centros decisores independentes, a nível global.

2. Estes centros devem encontrar-se suficientemente e financeiramente equipados, sendo *materialmente* independentes de modo a conseguirem defender a sua soberania no caso de uma invasão directa levada a cabo por um inimigo potencial, como exemplo devemos ter a mais forte potência actual. Esta condição resume-se à capacidade de *conseguir resistir à hegemonia estratégico-militar dos Estados Unidos e dos países da OTAN.*

3. Esses centros decisores não devem aceitar sine qua non o universalismo dos padrões, normas e valores ocidentais (democracia, liberalismo, livre mercado, parlamentarismo, direitos humanos, individualismo, cosmopolitismo, etc.) e devem ser totalmente *independentes da hegemonia espiritual do Ocidente.*

4. O mundo multipolar *não significa um regresso ao sistema bipolar,* dado que hoje não existe qualquer força estratégica ou ideológica capaz de, por si só, resistir à hegemonia espiritual e material do Ocidente moderno e do seu líder - os Estados Unidos. Devem existir *mais de dois pólos* num mundo multipolar.

5. O mundo multipolar não reconhece a soberania dos actuais Estados-nação, soberania essa que assenta numa base meramente legal e que não se confirma graças à ausência de poderio estratégico e económico e ainda potencial político. No século XXI ser um Estado nacional já não é suficiente para se ser uma entidade soberana. *Em tais circunstâncias a verdadeira soberania só pode ser obtida por intermédia de uma combinação, de uma coligação de Estados.* O sistema westphaliano, que continua a existir de jure, já não reflecte a realidade do sistema das relações internacionais e precisa de ser revisto.

6. *O multipolarismo não se reduz ao apolarismo nem ao multilateralismo,* dado que não coloca o centro decisor (o pólo) no seio

dum governo mundial, nem na clava dos EUA e dos seus aliados democráticos (o "Ocidente global") nem ao nível das redes sub-estatais, ONGs e outras instâncias da sociedade civil. O pólo deve localizar-se *noutra esfera qualquer*.

Estes seis pontos definem a base para uma maior elaboração e resumem as principais características do multipolarismo. Contudo, embora esta descrição nos aproxime significativamente da compreensão da essência do multipolarismo, é ainda insuficiente para ser qualificada como uma teoria. Trata-se de uma predeterminação inicial, com a qual se inicia a teorização, propriamente dita.

II
Análise às teorias basilares das Relações Internacionais

Preâmbulo

Antes de apresentarmos a teoria do mundo multipolar, é necessário analisar as principais teorias das Relações Internacionais. Pois sem o fazer, não será possível situar a nossa teoria e compará-la aos restantes contextos científicos. Como já dissemos, não existe qualquer Teoria do Mundo Multipolar concreta na esfera das RI. Como tal, para uma correcta institucionalização da mesma precisamos de efectuar uma recolha do vasto material existente acerca das restantes teorias, que por esta altura já se tornaram clássicas.

Anteriormente já definimos o conceito do multipolarismo, correlacionando-o com outros conceitos contíguos, aos quais este pode ser comparado ou contrastado. Deste modo obtivemos um *espaço semântico* dentro do qual colocámos o objecto da nossa teoria. Assim determinamos o conceito do multipolarismo.

Agora devemos fazer o mesmo com as teorias basilares das RI. Tendo descrito muito brevemente cada uma delas, iremos centrar-nos nas suas principais discrepâncias da Teoria do Mundo Multipolar, e isto definirá os limites não só do campo conceitual mas também da teoria em si.

A Teoria do Mundo Multipolar implica que nos dediquemos ao objectivo não só de estudar o fenómeno do multipolarismo ou o objecto da multipolaridade no seio de outra teoria já existente das RI, mas que tentemos justificar uma *nova teoria*, derivada dos preceitos normalmente aceites como base das restantes teorias, mas radicalmente diferente destas. Para tal devemos analisar brevemente, principalmente com base no momento em que vivemos, aquilo que consideramos inaceitável para a Teoria do Mundo Multipolar e, por outro lado, o que pode ser adoptado com algumas emendas (que nomearemos).

O realismo e as suas limitações

Um dos dois principais paradigmas dominantes nas RI é o *realismo*[19]. Este possui múltiplas variedades: do realismo clássico de Hans Morgenthau, E. Carr e R. Aron, passando pelo realismo maduro de Henry Kissinger e acabando no neo-realismo de K. Waltz, S. Walt e R. Gilpin[20].

---

[19]Jackson R., Sorensen G.; *Introduction to International Relations,* Oxford University Press, 2010. Reus-Smit Ch., Snidal D.; *The Oxford Handbook of International Relations,* Oxford University Press, 2008.

[20]Donneli J.; *Realism and IR,* Cambridge:Cambridge University Press, 2000.

Os postulados base do realismo são os seguintes:

- Os principais actores das relações internacionais são os *Estados-nação*;

- A soberania dos Estados-nação implica *a inexistência de qualquer autoridade reguladora que exceda as fronteiras desse Estado*;

- Assim sendo, há uma *anarquia* (caos) na estrutura das relações internacionais entre países diferentes;

- O comportamento do Estado na arena internacional é sujeito à lógica da maximização do *interesse nacional* (sujeito a um cálculo racional em toda e qualquer situação);

- *A autoridade de um Estado soberano* é a única instância com competências para levar a cabo uma política externa, bem como para a sua compreensão e implementação (os cidadãos comuns, os indivíduos, por definição não têm a competência do discernimento das relações internacionais e não têm como influenciar o processo que nelas decorram);

- A segurança do Estado perante uma competição ou uma potencial ameaça externa é a *principal tarefa* da autoridade política do país no campo das relações internacionais;

- Todos os Estados se encontram num estado de *potencial conflito* entre si devido aos seus próprios interesses egoístas (o potencial conflito só se torna real em determinadas situações onde ocorra um aumento crítico dos conflitos de interesse);

- A natureza da sociedade humana permanece *imutável* pese embora quaisquer alterações históricas e não se espera que tal se modifique no futuro;

- O factor *factual* dos processos decorrentes das relações internacionais é *mais importante que o factor normativo*;

- O último patamar para a explicação da estrutura das relações e dos eventos internacionais, que decorrem dessa estrutura, é a identificação de factos objectivos e regulares, que tenham uma base *material-racional*[21].

O realismo nas RL difere apenas nas percepções do sistema westphaliano como lei *universal*, com existência prévia já em estágios primordiais da História mas compreendida e adoptada pela maior parte das potências europeias só a partir do século XVII. A abordagem realista tem por base o princípio da absolutização da soberania do Estado-nação e a importância crucial do *interesse nacional*. Ao mesmo tempo, os realistas mais cépticos aceitam qualquer tentativa para a

---

[21]Batistella D.; *Theories des relations internationals*, P: Presse de Sciences Po, 2003.

criação de instituições e leis de foro internacional que afirmem regular os processos das relações internacionais com base nas normas e nos valores de carácter internacional (supra nacional). Qualquer tentativa de limitação da soberania dos Estados-nação é vista pelos realistas como "idealismo" (E. Carr) e "romantismo" (Carl Schmitt).

Os realistas estão convictos de que qualquer associação ou, pelo contrário, desintegração dos Estados tradicionais, resulta apenas no surgimento de novos Estados-nação, condenados a reproduzir o mesmo esquema regular em maior ou menor grau, esquema esse sujeito aos princípios imutáveis da soberania e do interesse nacional, permanecendo o Estado como o único autor de pleno direito no campo das relações internacionais.

Um dos fundadores do realismo clássico, Hans Morgenthau, distinguiu os cinco princípios base postulados por essa escola:

1. A sociedade regula-se por leis objectivas, não por desejos.
2. O facto mais importante das relações internacionais é o interesse, definido em termos de força, poderio.
3. Os interesses dos Estados mudam.
4. Em política é necessário rejeitar a moral.
5. A principal preocupação das relações internacionais: saber como determinada política afecta os interesses e o poderio da nação.[22]

Identificar e analisar estas cinco áreas e qual a sua solução, detectando quão eficientemente são aplicadas, faz parte da disciplina das RL, como compreendida pelos realistas.

O realismo clássico limita-se a um conjunto destes pontos basilares, os quais defende e justifica perante os seus principais oponentes ideológicos (os liberais das RL).

O neo-realismo complica qualitativamente este esquema, trazendo-lhe o conceito da "estrutura"[23] das relações internacionais (K. Waltz). Em vez do caos e da anarquia (do realismo clássico) a esfera das relações internacionais é um campo onde o balanço de poderes de altera perpetuamente[24], cujo potencial cumulativo, mas multidireccional, mantém ou altera as posições do sistema global. Assim sendo, a soberania, o seu âmbito e, consequentemente, a habilidade para a concretização do interesse nacional depende não só

---

[22]Batistella D.; *Theories des relations internationals*, Op. cit.

[23]Waltz K.; *Theory of International Politics*, McGraw Hill. Nova Iorque: 1979.

[24]Waltz K.; *Man the State, and War*, Columbia University Press, Nova Iorque: 1959.

do próprio Estado, mas também dos seus oponentes e dos seus concorrentes em cada casa particular, mas no seio da *estrutura global do balanço de poderes*. E esta estrutura, de acordo com os neo-realistas, influencia activamente o conteúdo e o âmbito da soberania nacional, e até a formulação do interesse nacional. Os realistas clássicos iniciam as suas análises tendo por base os Estados de modo individual.

Os neo-realistas iniciam as suas análises tendo por base a estrutura global, consistindo esta dos Estados de modo individual, e de como esta os afecta. Aqui, tal como sucede com os realistas clássicos, os neo-realistas parte do pressuposto de que o principal objectivo da política de relações internacionais de um país é o da "auto-sustentação" (auto-ajuda).

Os neo-realistas das décadas de 60 e 70 teorizaram substancialmente o mundo bipolar como sendo o modelo exemplar da estrutura das relações internacionais, tendo por base o equilíbrio de forças entre duas hegemonias (a americana e a soviética)[25]. Nomeadamente que esta estrutura, em vez dos interesses dos vários Estados-nação, determinava o conteúdo das políticas externas de todos os países do mundo. O cálculo do interesse nacional (e, de igual modo, os passos a levar a cabo para a sua implementação) começava com a análise do bipolarismo, a localização de determinado país no mapa do espaço bipolar e o marcador geopolítico, económico e ideológico que lhe correspondia.

Quando, em 1991, o mundo bipolar colapsou (o que os neo-realistas não esperavam nem previam, tão convencidos estavam da estabilidade da estrutura bipolar), vários representantes dessa escola (tais como, R. Gilpin[26], S. Walt[27] e M. Rupert[28]) justificaram um novo modelo de estruturação global, correspondendo este ao mundo unipolar. Em vez de duas hegemonias, surgia *a hegemonia americana por si só*, que desde então predetermina a estrutura das relações internacionais a uma escala global.

---

[25]Waltz K.; *The Spread of Nuclear Weapons: A Debate Renewed*, W. W. Norton & Company. Nova Iorque: 1995.

[26]Gilpin R.; *Global Political Economy: Understanding the International Economic Order*, Nova Iorque, 2001.

[27]Walt S.; *Taming American Power: The Global Response to U.S. Primacy*, W.W. Norton, 2005; "American Hegemony: Its Prospects and Pitfalls" in *Naval War College Review*, Primavera de 2002.

[28]Rupert M.; *Producing Hegemony: The Politics of Mass Production and American Global Power*, Cambridge: Cambridge University Press, 1995.

Mas, também neste caso, os neo-realistas se encontram convictos de que a base de todo o sistema é a defesa do *interesse nacional*. No caso do mundo unipolar, trata-se do interesse nacional de *um só* país – os EUA, que se encontram no centro da hegemonia global. Os outros países encaixam-se neste cenário assimétrico, correlacionando o seu interesse nacional à escala regional com o da estrutura global.

Em termos políticos, para o realismo das RL tendem, normalmente, os representantes dos partidos conservadores de direita (os republicanos nos EUA, os tories no Reino Unido, etc.).

Há que chamar a atenção para o facto de o realismo *ser um dos dois paradigmas mais populares dos EUA* quanto à avaliação e à interpretação dos eventos e dos processos que decorrem na política internacional.

O paradigma realista não escolhe entre a paz westphaliana, que tem por base a soberania de muitos Estados-nação, a bipolaridade ou o unipolarismo. A este respeito os vários defensores da abordagem realista podem defender opiniões muito diferentes. Mas todos eles partilham o conjunto das verdades axiomáticas que referimos acima e acreditam que qualquer proporção de poder entre os Estados-nação (sejam um, dois ou muitos) é o principal actor no campo das relações internacionais e, de igual modo, que a soberania, o interesse nacional, a segurança e a defesa são os principais critérios para a análise de quaisquer problemas, no campo das RI.

Os realistas nunca se afastam das suas teorias do Estado-nação ou de vários Estados-nação, uma vez que tal iria contradizer os seus conceitos base. Assim sendo, os realistas são sempre cépticos acerca de todos os processos e instâncias internacionais que tenham como objectivo limitar a soberania nacional ou organizar instâncias e instituições supra-nacionais. Os realistas não reconhecem qualquer realidade política concreta na esfera internacional às estruturas de poder supra-nacional (e intra-nacional). A política externa é única e exclusivamente da área de competências das autoridades políticas legais dos Estados-nação. As instâncias ou as posições de segmentos separados do Estado-nação não têm qualquer peso e podem ser descartadas (como parte da componente do facto, simples e concreto, de que a o poder de decisão recai sobre as autoridades legalmente autorizadas a levar a cabo a política externa – normalmente, o presidente, o primeiro-ministro, o governo, o parlamento, etc.).

Assim sendo, os realistas são cépticos acerca da globalização, da internacionalização e da integração económica e discutem constantemente com quem, por contraste, preste atenção a esses assuntos.

O liberalismo nas Relações Internacionais

Os principais oponentes dos realistas nas RI foram, e são, os *liberais*. Contudo, o paradigma liberal partilha com o paradigma realista um determinado número de conceitos base. Tal qual os realistas, os liberais lidam predominantemente com os Estados modernos ocidentais, vislumbrando-os como sendo um modelo exemplar à escala universal, sendo estes a base do seu pensamento teórico. Ao mesmo tempo, os liberais diferem dos realistas nuns quantos princípios. Primeiro, ao contrário dos realistas, os liberais acreditam que a natureza humana e, portanto, a natureza da sociedade humana e a sua expressão política, na forma do Estado, está sujeita a uma alteração qualitativa (presume-se que para melhor).

Daqui se depreende que a forma política da sociedade pode evoluir, e em determinada altura extrapolar as fronteiras do Estado, do egoísmo nacional e do individualismo. Isto, por sua vez, significa que sob determinadas circunstâncias surge a possibilidade da cooperação, da colaboração e da integração entre Estados diferentes, tendo por base ideais "morais" e valores comuns.

Nos seus fundamentos filosóficos, os liberais inspiram-se nas ideias de John Locke acerca da neutralidade da natureza humana, susceptível ao aperfeiçoamento por intermédio da educação, enquanto que os realistas se inspiram em Hobbes, considerando que as pessoas são inerentemente egoístas, agressivas e más (daí a sua famosa máxima do "homo homini lupus").

Ao contrário dos realistas, que consideram que o Estados são os principais actores dos processos que decorrem no campo das relações internacionais, sendo indiferente o regime político, a estrutura e as características ideológicas, os liberais, pelo seu lado, realçam a questão: que tipo de regime político há neste ou naquele Estado e, dependendo deste ser um regime liberal e democrático ou não, empregam os seus conceitos de RI. O factor *decisivo* é se o Estado é democrático (tal inclui o parlamentarismo, um mercado, liberdade de imprensa, separação de poderes, eleições, etc.) ou não.

Para os defensores do paradigma democrático liberal, as relações entre países democráticos implicam uma estrutura completamente diferente de interacções daquela das relações entre países não democráticos entre si ou entre países democráticos com nações não democráticas. Os liberais acreditam que uma democracia avançada em termos de política *doméstica* afecta drasticamente a política *externa* do Estado. Toda a teoria liberal pode reduzir-se a uma citação: "*as democracias não combatem umas com as outras*". Isto significa que os regimes democráticos se relacionam do mesmo modo, tal qual os seus cidadãos dentro do próprio país: em vez da agressão, da coacção, da violência, da hierarquia, etc., as relações têm por base a competição pacífica, o reconhecimento da prioridade do direito e a racionalização das interacções e dos procedimentos.

Os liberais defendem que a democracia pode ser repetida ao nível das RI e, consequentemente, a esfera das RI não se resumem a uma luta de todos contra todos e na obediência a um egoísmo cego, a dita "anarquia de Locke" (ou "anarquia de Kant" - nas palavras de A. Wendt), pacífica e disposta a alianças entre os vários países - mesmo quando o interesse nacional se encontre em conflito (contrastando com a "anarquia de Hobbes", que sugere que "todo o Estado é o lobo de outro Estado" - uma inevitabilidade das quais os realistas se encontram convictos).

Com base nesta plataforma democrática é possível criar estruturas transnacionais[29], que podem transformar o caos num sistema. Os primeiros liberais (pessoas como o político britânico R. Cobden[30], o presidente dos EUA Woodrow Wilson ou o pacifista N. Angell[31]) nos seus postulados opõem-se aos realistas no facto de, para eles, o regime político (especificamente, democracia ou não-democracia) ser essencial para a análise das relações internacionais. Caso os países sejam democráticos, então no seu conjunto esses países evoluem de modo firme, movendo-se rumo à criação de um sistema supra-nacional e ao surgimento de instituições supra-nacionais. À medida que outros países forem democratizados, também eles poderão ser incluídos nessas instituições.

Portanto, o princípio do egoísmo nacional e da "auto-sustentação" (auto-ajuda) pode ser ultrapassado no decorrer da democratização, que será a base da paz civil e da integração de diferentes sociedades, ainda divididas pelas fronteiras nacionais, numa só sociedade civil democrática.

Os liberais desafiam as principais teses dos realistas. Para os liberais:

- Os Estados-nação são importantes, mas não são tudo e, em determinadas situações, nem são os principais actores das relações internacionais.

- Pode existir uma determinada *instância supra-nacional* cujos

---

[29]Woolf Leonard; *International Government*, Londres: Allen & Unwin, 1916.

[30]Cobden R.; *Political writings*, 2 vol, Londres: Fisher Unwin, 1903.

[31]Angell N.; *The Great Illusion - a Study of the Relation of Military Power to National Advantage*, Londres: Heinemann, 1910.

poderes estejam acima da soberania dos Estados-nação;

- A *anarquia* nas relações internacionais caso não possa ser eliminada, pode ser *harmonizada*, pacificada e moderada;

- O comportamento dos Estados na arena internacional está sujeito não só à lógica da implementação maximal do interesse nacional, mas também a *valores universais* reconhecidos por todos os países (casos sejam democráticos);

- A autoridade do Estado *não é a única instância* com competências para compreender, implantar ou conduzir a política externa (os cidadãos comuns nas sociedades democráticas desenvolvidas são mais que indivíduos, são "indivíduos dotados", utilizando a expressão de James Rosenau[32], e neste caso podem compreender de modo adequado os processos das relações internacionais e até influenciá-los, embora parcialmente);

- A segurança do Estado perante uma potencial ameaça externa é uma preocupação de toda a sociedade, e o modo mais directo para a atingir é a *democratização de todos os países do mundo* (dado que "as democracias não combatem umas com as outras", e procuram vias pacíficas para resolver as tensões e o conflito por intermédio do compromisso);

- Os Estados democráticos, em relação uns aos outros, encontram-se um estado de *paz garantida* e a ameaça da guerra só advém dos Estados não-democráticos e de outros actores da política mundial (por exemplo, o terrorismo internacional);

- A natureza dos Estados e a natureza da sociedade humana encontra-se em permanente mutação, *melhorando* e aperfeiçoando-se, aumenta o ratio das liberdades, os processos democráticos fortalecem-se, o nível de tolerância e de responsabilidade cívica aumenta (dá origem à esperança na evolução de todo o sistema político mundial e do abandono gradual das rígidas estruturas hierárquicas e da militarização das relações internacionais);

- A componente factual do processo não deve obscurecer a *componente normativa* das RI (o poder dos ideais, os valores e a norma não são menos importantes que o poder das tecnologias e dos recursos materiais);

- O último patamar da explicação da estrutura das relações e dos eventos internacionais é identificar as *motivações normativas idealistas e os factores dos valores*, bem como os factos e regulações objectivas,

---

[32]Rosenau J.; *Turbulence in World Politics: A Theory of Change and Continuity*, Princeton, 1990.

que tenham uma base material-racional.

Como vimos, os defensores do paradigma liberal nas RI opõe-se por completo aos defensores do realismo. A contenda entre os dois é a principal razão pelo desenvolvimento das RI como disciplina científica.

Um dos produtos do paradigma liberal clássico é o neo-realismo (por vezes definido como um paradigma separado das RI – o "transnacionalismo"). Os neo-liberais (M. Doyle[33], J. Rosenau[34], J. Nye[35], R. Keohane[36], etc.) concentram-se nos processos de globalização, no surgimento de um espaço económico, informativo, cultural e social único, bem como na disseminação dos valores democráticos ocidentais por todo o mundo e a sua introdução ao mais profundo nível da estruturação e da vida social. No fenómeno da globalização, os neo-liberais vêem uma demonstração da confirmação da rectidão do seu paradigma, que comporta a necessidade de criação de estruturas supra-nacionais – até ao patamar de um governo mundial.

Os neo-liberais enfatizam que, para além dos Estados, no mundo moderno as ONGs, as redes e as estruturas sociais começam a tornar-se cada vez mais importantes (os movimentos dos direitos civis, os "médicos sem fronteiras", os observadores internacionais em época de eleições, o Greenpeace, etc.) tendo uma influência cada vez maior na elaboração da política externa dos Estados.

A teoria clássica do neo-liberalismo (a teoria da interdependência) foi criada pelos cientistas políticos americanos J. Nye e R. Keohane[37]. De acordo com esta teoria, a era dos Estados-nação como actores principais das relações internacionais já pertence ao passado, hoje os Estados soberanos são só uma parte das unidades activas, juntamente com a indústria (doméstica) e os vários grupos sociais, cada vez mais acomodados à esfera das relações internacionais e levando a cabo a sua actividade a nível transnacional. Foi John Nye que cunhou o termo "soft power", para realçar a importância factorial das ideias, dos padrões e das metodologias intelectuais no sucesso da globalização e

---

[33]Doyle M.; "Liberalism and World Politics" in *American Political Science Review*, 80(4), 1151-11691986.

[34]Rosenau J.; *Turbulence in World Politics: A Theory of Change and Continuity*, Princeton, 1990.

[35]Nye Jr., Joseph S.; *Bound to Lead: The Changing Nature of American Power*, Nova Iorque: Basic Books, 1990.

[36]Keohane Robert O.; *After Hegemony: Cooperation and Discord in the World Political Economy*, Princeton, 1984.

[37]Keohane Robert O., Nye Joseph S.; *Power and Interdependence: World Politics in Transition*, Boston: Little, Brown and Company, 1977.

da democratização à escala global[38]. Os realistas normalmente agem em apoio do "hard power". Os liberais, por seu lado, debruçam-se sobre as mais finas ferramentas da influência em rede.

Fenómenos tais como a criação da União Europeia, a criação do Tribunal dos Direitos Humanos de Estrasburgo e o Tribunal da Haia, são, de acordo com os neo-liberais, os protótipos da futura ordem mundial, na qual surgirão instâncias cuja competência esteja acima da dos Estados nacionais. As funções dos Estados vão decrescer gradualmente até desaparecerem por completo.

O paradigma liberal das RI encontra-se extremamente difuso e, juntamente com o realismo, é um dos dois principais modelos de interpretação, análise e previsão dos processos no campo das relações internacionais. Na esfera política, o paradigma liberal tende a ser tradicionalmente representado pelos partidos do centro-esquerda e pelos partidos democratas, enquanto os realistas por norma são conservadores, isolacionistas e oriundos das forças patrióticas. Na política americana o paradigma liberal é característico da maior parte dos deputados do Partido Democrata, mais inclinados para o apolarismo e para o multilateralismo.

Desde os anos 90 do século XX que a abordagem liberal e neo-liberal se tornou extremamente popular nos países europeus, em muito auxiliada pela formação da União Europeia, exemplo vivo de como o conceito liberal do trans-nacionalismo pode ser aplicado. Contudo em alguns países europeus a abordagem realista é tradicionalmente mais forte (o "soberanismo"), cujos defensores tratam a integração europeia com algum cepticismo.

Caso limitemos a nossa discussão à esfera da Realpolitik, a políticas concretas, iremos notar que a vasta maioria das discussões em RI, levadas a cabo entre os políticos de topo em prestigiados fóruns internacionais e na grande comunicação social, se limitam a confrontos quase rituais entre realistas e liberais. Os representantes de outros paradigmas encontram-se praticamente ausentes nesse patamar, ou raramente têm a palavra. De modo semelhante, já assim sucedia antes dos anos 70 do século XX no seio da comunidade científica do mundo ocidental, na qual os debates entre os realistas e os liberais eram o principal conteúdo dos relatórios teóricos e dos debates. Contudo, desde final dos anos 60 e início dos anos 70 do século XX que no campo teórico das RI se tornaram cada vez mais populares outras abordagens alternativas. Estas permanecem, normalmente,

---

[38]Nye Joseph S. Jr.; *Soft Power: The Means To Success In World Politics*, Public Affairs, 2004.

circunscritas às discussões científicas e não extravasam para o público em geral, contudo estes paradigmas alternativos tornam-se cada vez mais influentes nas teorias das RI e, de ano para ano, os livros técnicos acerca desta disciplina prestam-lhes cada vez mais atenção. Em paralelo aos debates, tornam-se cada vez mais notadas. Assim sendo, a bem de chegarmos à construção da Teoria do Mundo Multipolar precisamos de analisar também estes paradigmas alternativos.

A escola inglesa nas RI

Entre as teorias de RI, a *Escola Inglesa* ocupa um lugar especial. Normalmente não se distingue como sendo um paradigma separado, dado ter várias características em comum com o realismo e o liberalismo, representa uma combinação original de elementos inerentes às duas abordagens. Contudo, não pode ser vista como uma síntese das duas escolas de RI, dado que em vários pontos os seus defensores aderem a posições verdadeiramente originais, que não podemos reduzir ao liberalismo nem ao realismo.

Fundada pelo australiano Hedley Bull[39], esta escola distingue-se pela atenção que dedica à *análise sociológica*. Bull, os seus colegas e seguidores (M. Wight[40], J. Vincent[41], etc.) introduzem o conceito de "sociedade mundial" ou "sistema mundial" para realçar que os Estados em separado (reconhecidos pelos defensores da escola inglesa como os principais actores na área das relações internacionais), se vistos no seu conjunto não representam apenas um aglomerado de indivíduos egoisticamente motivados, que agem só com base nos seus próprios interesses (como defende o realismo), mas uma "sociedade", um *sistema social* de acções com vários intervenientes e eventos internacionais: semelhante ao modo como a sociedade atribui estatutos e tarefas sociais aos seus membros, atribuindo um significado social a cada um desses elementos. É por isso que, de acordo com os defensores da escola inglesa, para que um Estado-nação seja *soberano*, como pré-requisito é necessário o seu *reconhecimento* como tal por outros Estados soberanos, havendo um reconhecimento mútuo entre Estados. Assim sendo, a soberania a soberania não é mera propriedade do Estado, autonomamente inerente a este, é produto de um *contrato social* a nível internacional. Isto significa que o caos e a

---

[39]Bull H.; *The Anarchical Society. A Study of Order in World Politics,* Nova Iorque: Columbia University Press, 1977.

[40]Wight Martin; *Systems of States,* Leicester: Leicester University Press, 1977.

[41]Vincent R.J.; *Human Rights and International Relations,* Cambridge: Cambridge University Press, 1986.

anarquia na esfera internacional são *relativos* e representam um tipo especial de sistema, que pode ser racionalmente estudado e deliberadamente alterado. Esta relativização do caos no ambiente internacional aproxima, em parte, os apologistas da escola inglesa dos liberais clássicos. Mais, existem também semelhanças com algumas teorias neo-liberais, quanto à insistência no aumento do número de intervenientes nas RI. Contudo, na mesma medida, os teóricos da escola inglesa concordam com os realistas quanto ao relevo do factor hegemónico no modelo geral das relações internacionais e constroem a sua análise com base na avaliação do potencial real das grandes potências como factor crucial para predeterminar os parâmetros de todo o sistema das relações internacionais, o que, por sua vez, os aproxima dos realistas.

A incerteza quanto à sua qualificação não tem passado com o tempo, e até ver um ou outro especialista em RI sugere uma interpretação pessoal do papel e do lugar da escola inglesa entre os paradigmas basilares das RI, insistindo que os seus defensores são "idealistas da era da Guerra Fria" (J. Mearsheimer[42]), ou, mais frequentemente, considerando-a como sendo um dos vários tipos de realismo.

A ênfase na componente sociológica na análise das RI é uma característica da teoria de R. Aron, visto, indiscutivelmente, como sendo um realista.

A escola inglesa tem tido um impacto significativo em algumas teorias pós-positivistas das RI, as quais analisaremos mais à frente. Em particular, foi no seu seio que se formou o rumo da sociologia histórica e do normativismo.

O neo-marxismo (o terceiro paradigma)

O terceiro paradigma mais popular das RI (atrás do realismo e do liberalismo) é o *neo-marxismo*. Este modelo da análise das RI tem por base uma abordagem anti-capitalista e anti-burguesa, que advém do marxismo, e este facto por si só explica a sua exclusão do discurso político oficial predominante nos países capitalistas. Aqui encontramos presente uma clara dissonância cognitiva entre o capitalismo liberal manifesto (nacional no caso dos realistas ou transnacional no caso dos liberais) e o marxismo na base das abordagens filosóficas à sociedade moderna e aos principais processos

---

[42]Mearsheimer John J.; "E. H. Carr vs. Idealism: The Battle Rages On" in *International Relations*, Vol. 19, No. 2.

sociais, económicos e políticos que nela de desenvolvem. Ao mesmo tempo, o neo-marxismo nas RI tem uma elevada elaboração quanto aos seus conceitos e teorias, com base no discurso científico-racional, o que leva a que seja visto com possuindo o maior rigor científico, quer a sua metodologia analítica seja utilizada pelos próprios marxistas ou por defensores da ideologia burguesa.

O neo-marxismo nas RI pode, teoricamente, ser incluído num contexto ideológico neutro, inclusivamente para compreender a estrutura das RI do ponto de vista da classe liberal governante.

Até à data, o exemplo clássico do modelo neo-marxista da teoria das RI é a teoria do sistema mundial de I. Wallerstein[43]. Da perspectiva de Wallerstein, o sistema capitalista surgiu *originalmente* como um fenómeno global. A divisão dos países europeus em Estados-nação foi uma mera fase de transição[44]. Em todos os patamares e fases, a classe burguesa tendeu a integrar-se numa única entidade transversal às fronteiras nacionais, reunindo o núcleo da burguesia internacional. Tal surgiu a reboque da própria lógica do capital, o princípio do mercado livre e a procura por novas mercados emergentes. O capitalismo possui uma origem e uma essência transnacional.

É por isso que, no nosso mundo, a globalização e o enfraquecimento das fronteiras entre os Estados não é algo único, limita-se a estender a um nível planetário essa estruturação espacial, inerente ao sistema capitalista[45].

A classe burguesa é a classe global, e na nossa era essa classe localiza-se espaço-geograficamente no "Norte rico" (ou no "Ocidente global" ou no "centro" do sistema mundial)[46]. O centro da burguesia mundial transformou-se, num sentido mais amplo, no Ocidente, onde se concentra o capital e a tecnologia de ponta. É aí que se concentram os economicamente beneficiados pelos principais processos macroeconómicos que de desenrolam na economia mundial. Ibidem, logicamente, aí se concentra o poder político global. O facto dos Estados-nação, e as administrações que lhes correspondem, continuaram a existir não afecta de modo nenhum o funcionamento do sistema mundial: as principais decisões no campo das relações

---

[43]Wallerstein I.; *Geopolitics and geoculture: essays on the changing world-system*, Cambridge: Press Syndicate, 1991.

[44]Wallerstein I.; *Historical Capitalism, with Capitalist Civilization*, Londres: Verso, 1995.

[45]Wallerstein I.; *World-Systems Analysis: An Introduction*, Durham, Carolina do Norte: Duke University Press. 2004.

[46]Wallerstein I.; *The End of the World As We Know It: Social Science for the Twenty-first Century*, Minneapolis: University of Minnesota Press, 1999.

internacionais não são efectuadas nem por governos nem por Estados, mas pela *elite capitalista e cosmopolita mundial*, composta por membros das várias nações e povos - desde os investidores americanos clássicos e os construtores europeus até aos sheiks do petróleo, passando pelos novos oligarcas russos e os novos-ricos do Terceiro Mundo. Trata-se, nomeadamente, do "núcleo", a parte componente do governo mundial.

No lado oposto ao do sistema mundial, na periferia do mundo, nos países do Terceiro Mundo, concentra-se o *proletariado global*. Trata-se de segmentos empobrecidos das populações de países já em si pobres, que vivem numa injustiça e numa pobreza extremas. A periferia do mundo representa a localização espacial do proletariado mundial, dos "expropriados deste mundo". As influências das estruturas *nacionais* e regionais neste mundo são ainda fortes e, em contraste com o mundo burguês e os seus representantes regionais, ainda não se encontram plenamente cientes da sua pertença de classe e, consequentemente, da necessidade da solidariedade de classe. Mas com a transfiguração da globalização num modelo *legal* de ordem mundial, segmentos cada vez maiores do proletariado mundial participa em processos migratórios. Sob pressão dos factores materiais, vêem-se forçados a deslocarem-se para novos espaços e a misturarem-se com os segmentos proletários de outros grupos étnicos e nacionais. No decorrer desta internacionalização migratória, o proletariado mundial do Terceiro Mundo torna-se ciente do seu papel histórico de *classe revolucionária do futuro*[47]. Nos países mais desenvolvidos o proletariado integra representantes dos estratos mais baixos das sociedades desenvolvidas, que trazem consigo para o ambiente proletário uma maior percepção histórica e social. Assim, à escala global o sistema mundial cria gradualmente as condições prévias necessárias à revolução mundial, que se tornará possível no estágio final da globalização, quando o sistema capitalista mundial, atingido o limite ambiental e geográfico da sua expansão, entre numa espiral de colossais crises e colapsos económicos, políticos e financeiros[48].

Outra componente importante da estrutura global na teoria neo-marxista, são os países da *semi-periferia*. A estes são atribuídos os maiores poderes, tendo um potencial desmesuradamente maior que o das sociedades do Terceiro Mundo, mas ainda inferior à da região do "Norte rico". Exemplos típicos de tais países semi-periféricos são os BRICS (Brasil, Rússia, Índia, China e África do Sul). Nesses países encontram-se

---

[47]Wallerstein I.; *After Liberalism*, Nova Iorque: New Press, 1995.

[48]Wallerstein I.; *Utopistics: Or, Historical Choices of the Twenty-first Century*, Nova Iorque: New Press, 1998.

concentrados enormes recursos económicos, tecnológicos, militares e um grande potencial demográfico. Contudo, estes países da semi-periferia dependem tecnologicamente do Ocidente, seja a nível das patentes seja a nível da organização da sociedade e da economia – dos aspectos políticos e legais, passando aos legais e culturais. Os países da semi-periferia foram uma espécie de "Segundo Mundo". Aqui a burguesia não se encontra ainda plenamente integrada na classe mundial e as massas proletárias não estão numa posição tão miserável quanto as dos países do Terceiro Mundo. Do ponto de vista de Wallerstein, a semi-periferia não é uma alternativa ao capitalismo global, mas um mero fenómeno temporário. Sob os auspícios do processo de globalização, os países da semi-periferia terão, de algum modo, que seguir os países do "Norte rico". Isto significa que a elite burguesa irá, mais cedo ou mais tarde, integrar a classe global e o governo global, e os processos migratórios causarão uma mistura entre o proletariado local e o fluxo dos países do Terceiro Mundo, o que levará a uma internacionalização do proletariado.

O resultado será o colapso dos países da semi-periferia e a sua plena integração no sistema mundial com base na sua classe: a burguesia irá unir-se ao "Ocidente global" e as classes mais baixas irão resultar numa massa migrante cosmopolita semelhante, perdendo rapidamente as suas características nacionais e culturais. Após o colapso da semi-periferia, o sistema mundial tornar-se-á perfeito e completo. Mas nessa altura, quando ocorrer a crise e o colapso finais, de acordo com os neo-marxistas, no mesmo processo surgirá a revolução proletária global, e a nível mundial surgirá um proletariado internacional[49].

Tamanha análise do sistema mundial descreve e interpreta minuciosamente certos processos do mundo moderno que, mesmo que por razões meramente pragmáticas, cada vez mais especialistas em RI recorrem a esta para fundamentar ou analisar certos fenómenos. No campo da investigação científica teoria, desde os anos 60 que esta abordagem obteve um lugar válido entre o realismo e o liberalismo, hoje em dia esta disciplina surge nos livros técnicos descrita como *o terceiro paradigma das RI*, cuja aprendizagem é obrigatória para todos os especialistas deste campo. Embora, como referimos antes, as referências a este tipo de análise é excluído quase por completo do debate político, e dos comentários dos especialistas e políticos que tenham como alvo o público em geral.

---

[49]Wallerstein I.; *After Liberalism*, Nova Iorque: New Press, 1995.

Devemos acrescentar que a globalização, do ponto de vista de Wallerstein, é um *mal*, mas um mal *necessário*. De igual modo, para o próprio Marx, o capitalismo era um mal para o qual devia haver uma cura, mas este, quando comparado com a sociedade de castas do feudalismo, era visto como um fenómeno de avanço progressista. De igual modo, para os defensores do neo-marxismo: afirmam-se "anti-globalistas", dado estarem bem conscientes da natureza burguesa do processo [de globalização] e tomarem a opção ideológica *do outro lado* da classe burguesa mundial, força motora da globalização. Contudo, consideram a globalização como historicamente, tecnologicamente e materialmente inevitável, como estando *predeterminada* e sendo "progressista" e um "avanço" quando comparada com os Estados-nação ou os países da "semi-periferia".

A revolução proletária internacional será possível só depois da vitória do globalismo, nunca antes desta, é a crença dos neo-marxistas modernos. Para o enfatizarem, preferem auto-denominar-se como "altermundialistas", ou seja "globalistas alternativos". Não agem tanto contra a globalização, mas contra a elite burguesa mundial, a internacionalização do proletariado mundial devido à globalização é vista como inevitável e, assim sendo, para eles a globalização é um processo *positivo*. É graças a isto que se deve a relutância dos altermundialistas em aceitar nas suas fileiras aquelas forças que hajam radicalmente contra a globalização, isto se oriundas dos pontos de vista da preservação das soberanias nacionais ou das identidades religiosas. De acordo com os altermundialistas, os Estados-nação devem desaparecer dos espaços das três zonas do sistema mundial. Neste ponto estão a seguir o exemplo da crítica de Marx aos movimentos anti-burgueses de orientação feudal ou clerical: a distinção entre comunistas e não-comunistas, e as tendências *anti-burguesas*, ocupam grande parte do Manifesto do Partido Comunista[50]. De igual modo, os altermundialistas modernos, como inimigos da burguesia mundial, encontram-se parcialmente *de acordo* com a sua historicidade – em contraste com aquelas forças "anti-globalistas" que os neo-marxistas consideram como "reaccionárias". Estão convictos de que sem uma vitória global e final da internacionalização da classe trabalhadora mundial e o surgimento de um governo mundial, a revolução proletária é impossível.

---

[50]Маркс К., Энгельс Ф. Манифест Коммунистической Партии/Маркс К., Энгельс Ф. Сочинения. – 2-е изд. – Т. 4. М.: Государственное издательство политической литературы, 1955. С. 419–459.

Assim se determina a abordagem dos defensores deste paradigma das RI acerca da globalização burguesa ser historicamente inevitável e, até, um processo desejável. Até que ocorra a completa internacionalização da classe burguesa a uma escala global, o proletariado mundial, por sua vez, não se tornará num poder à escala mundial para poder realizar o seu destino histórico e universal. E tal não será possível sem uma migração global intensa e uma mistura cultural e racial das massas despojadas espalhadas pelo mundo - com a respectiva perda das identidades étnicas, culturais, religiosas e nacionais de toda a humanidade. *A burguesia cosmopolita global deverá bater-se com o proletariado cosmopolita global - é a única via para a verdadeira revolução proletária*, de acordo com os neo-marxistas.

É fácil distinguir a continuidade da versão trotskista do marxismo, por vezes descaradamente assumida pelos neo-marxistas. Trotsky criticava o regime de Estaline principalmente devido à teoria acerca da possibilidade da construção do socialismo num só país, elaborada por Estaline em 1924[51]. Trotsky acreditava, tal como Lenine, que a vitória da revolução proletária num só país era possível apenas primeiro passo da revolução mundial. Caso contrário, o socialismo iria degenerar em burocracia e tal só serviria para evitar a revolução mundial em vez de a impulsionar. É esta a raiz da crítica trotskista ao sistema estalinista. Com base nesta mesma lógica, constroem os neo-marxistas as suas teorias das RI, insistindo que a revolução do proletariado só pode ser radicalmente internacional e global, ou seja, mundial. Qualquer tentativa para a construção do socialismo num só país (ou em vários países) irá trazer ao de cima as contradições de classe no contexto nacional e irá abrandar, em vez de acelerar, o tão ansiado momento histórico. Daqui a relação dos marxistas quanto à "semi-periferia". O facto de nesses países a internacionalização de classe abrandar e estar parcialmente bloqueada pelas políticas das autoridades nacionais, tal inibe a figuração *explícita* do sistema mundial globalmente *implícito* e, consequentemente, atrasa o processo histórico, atraso insignificante por si só.

Este facto é detalhadamente descrito nos livros dos líderes teóricos do altermundialismo, A. Negri e M. Hardt[52]. Na sua terminologia apodam o sistema mundial de "Império", no centro do qual se encontram os EUA e a classe burguesa global, ao qual se opõe a

---

[51] Дугин А. Этносоциология. М.: Академический проект, 2011. С. 531-534.
[52] Негри А., Хардт М. Империя. Москва: Праксис, 2004.

"multitude"[53] – os indivíduos dispersos e espalhados que se encontram privados do seu estatuto social junto da elite mundial, e livres de quaisquer características sociais. A multitude é vista como sendo a classe revolucionária do futuro, capaz de levar a cabo uma sabotagem mundial ao "Império".

Mas tal sabotagem só pode ocorrer *após* a vitória do "Império". A lógica dos neo-marxistas e dos altermundialistas quanto às RI é a seguinte: deixem que o "Império" triunfe o mais rápido possível e deixem existir um sistema mundial, liderado pelo governo mundial; depois será a altura da revolta da multitude.

Agora, analisemos como os neo-marxistas constroem as suas polémicas, no campo das RI, com os outros paradigmas clássicos.

Em relação ao paradigma realista, defendem que:

- Os principais actores no campo das relações internacionais não são os Estados-nação, mas as *classes* globais: a estrutura das relações internacionais não se organiza tendo por base governos, mas *pela lógica do capital*, que atingirá um sentido espacial na altura da globalização;

- O conceito de soberania é extremamente condicional e a anarquia nas relações internacionais orienta-se pelas leis do capital: *em vez do caos, temos que debater a lógica do capital*;

- O interesse nacional é uma mera parte no processo geral do cálculo dos benefícios, podendo adquirir capital dependendo, consequentemente, da estrutura deste: o interesse nacional é, em última instância, *o interesse da classe burguesa* da sociedade actual;

- Não são os governantes legais quem toma as decisões chave quanto à política externa do Estado, são os grupos financeiros e industriais, ou seja a classe burguesa, os verdadeiros decisores, aos governantes políticos cabe somente a tarefa de formalizar e legalizar os desejos destes: *a política externa está entregue à classe burguesa*;

- Os apelos à segurança e à mobilização do "sentimento nacional" não passam de *estratégia de informação propagandística* por parte da burguesia, concebida para desviar o proletariado da luta de classes, evitando o crescimento da auto-consciência internacional e da solidariedade de classe com os trabalhadores dos outros países;

- Pese embora as contradições nacionais, há um conluio entre a burguesia global e os chefes de Estado, esta predetermina a lógica do desenvolvimento dos processos das relações internacionais;

---

[53]Негри А., Хардт М.Множество: война и демократия в эпоху империи. М.: Культурная революция, 2006.

- A maior de todas as guerras, que é levada a cabo de modo permanente (seja aberto ou encoberto), é a *luta de classes*: é de carácter internacional e os conflitos e as contradições étnicas só servem para distrair o proletariado, desviando-o da revolução e afastando-o da concretização da sua missão histórica;

- A natureza dos Estados e da natureza humana encontra-se em constante *evolução*, o que resulta na exacerbação das contradições entre os vários níveis de desenvolvimento das forças produtivas e as relações entre os vários níveis de produção, tal faz parte da essência do progresso histórico, no qual as contradições das classes são, primeiro, exasperadas até atingirem uma escala global, causando uma crise, dando depois origem à revolução proletária global, após a qual os Estados desaparecerão e a sociedade humana se aproximará do comunismo;

- O aspecto concreto dos processos de relações internacionais é mais importante que o aspecto normativo, caso interpretemos um aspecto concreto recorrendo à metodologia *da análise classista do marxismo*: os factos mais relevantes serão aqueles específicos à luta de classes;

- O patamar final para a explicação da estruturação das relações e dos eventos internacionais é a identificação de factos históricos objectivos e regulares, de base ideológica e classicista.

No campo das RI os neo-marxistas opõem-se aos liberais de acordo com as teses seguintes, ora complementando-os, ora refutando-os:

- As relações internacionais têm uma natureza classicista e *os regimes democráticos correspondem mais correctamente à estrutura do sistema capitalista burguês* que revela, de modo mais aberto, as contradições de classe;

- *A lógica do capitalismo encontra-se acima do interesse nacional dos Estados*, daí a necessidade da criação de um governo mundial de base democrata (ou seja, burguesa), na realidade, tal não só é possível como necessário e encontra-se historicamente pré-determinado (de acordo com os liberais);

- A anarquia nas relações internacionais é meramente aparente: esta segue a lógica do capital global e da classe burguesa mundial, em determinada altura pode ser ultrapassada e substituída pela institucionalização formal de um organismo supra-nacional (e nisto há concordância entre os liberais e os neo-marxistas);

- O comportamento dos Estados na arena internacional encontra-se sujeito não só à lógica da máxima garantia do interesse nacional, mas também à necessidade histórica do crescimento do sistema mundial capitalista, mais claramente manifesto nas democracias burguesas, sendo menos claro noutras formas de regime: o Estado-nação encobre meramente esta lógica (*o Estado-nação não passa, assim, de um bluff capitalista*);

- As relações internacionais empregam o processo da luta de classes, é por isso que nessa área se digladiam as duas forças supranacionais – a burguesia global e o proletariado global: são estes os principais actores no campo das RI;

- *A segurança do Estado é um mito burguês*, aumentando a margem de manobra da classe governante burguesa na exploração, impune, do proletariado: o principal perigo advém do capital e, combatê-lo, inclusive recorrendo à acção revolucionária, é a missão histórica dos despojados;

- "As democracias não combatem umas com as outras" dado a burguesia governante estar bem ciente de que pode explorar *de modo mais eficaz* o proletariado coordenando as classes ao nível internacional;

- *O mundo democrático esconde-se por detrás da luta de classes*, exportando-a constantemente, por intermédio da democracia, para o Terceiro Mundo, no qual a democratização da política e a liberalização da economia se tornam nos meios para estabelecer um sistema de ditadura burguesa em favor dos interesses do capital global: a guerra contra os regimes não-democráticos são um acto conduzido pela lógica do capital, assegurar a segurança mundial e combater o terrorismo internacional não passam de bichos papões criados artificialmente para assustar as massas e justificar as intervenções capitalistas, bem como as suas agressões directas;

- A História da humanidade e da sociedade desenvolver-se de modo dialéctico e progressivo, não de modo linear mas de modo cíclico: cada etapa de desenvolvimento faz com que a sociedade atinja um novo patamar, mas no decorrer desse percurso *as contradições de classe não se reduzem, muito pelo contrário, agravam-se*: a História tem uma natureza *conflituosa*, organiza-se por intermédio de uma série de guerras e revoluções, até que a natureza de classe desse processo seja reconhecida à escala global (só a vitória da revolução socialista e a construção de um mundo comunista poderá salvar a humanidade dos Estados, da guerra, da miséria, da exploração e da violência);

- O aspecto factual dos processos que decorrem das relações internacionais e o aspecto normativo abrangem *dois aspectos da relação entre as classes* – expresso materialmente e concebido ideologicamente [a democracia formaliza de modo mais claro o panorama das relações materiais na sociedade por intermédio da ideologia burguesa, a qual deve ser denunciada e criticada do ponto de vista do proletariado, com base na ideologia marxista alternativa que interpreta a mesma matéria e os mesmos regulamentos económicos de um modo político completamente diferente (ou seja, não existe apenas uma disciplina das RI, existem duas – as RI vistas pelos olhos da burguesia, a qual ganha corpo no realismo e no liberalismo, e as RI do ponto de vista do proletariado, que ganha corpo nas teorias neo-marxistas das RI)];

- O último patamar para a explicação da estruturação das relações e dos eventos internacionais, que decorrem dessa estruturação, é a identificação do *sentido de classe* e a lógica do crescimento e das crises do capital global.

Caso comparemos as objecções do neo-marxismo ao realismo e ao liberalismo, notamos o seguinte padrão: os neo-marxistas *têm mais aspectos em comum com os liberais* do que com os realistas, e é precisamente nos liberais, e mais especificamente nos neo-liberais, que as teorias dos neo-marxistas identificam uma reflexão mais real das tendências globalistas, as que mais se aproximam da descrição de um sistema mundial, embora interpretem esse sistema mundial da perspectiva da sua posição classicista: do lado oposto da classe burguesa mundial. Os realistas, dizem os marxistas, defendem as realidades de "ontem" e, dado a importância permanente que atribuem aos Estados-nação, obscurecem a natureza classicista dos processos mais elementares das relações internacionais e protelam a compreensão da sua natureza classicista.

Pese embora o facto das teorias comunistas, e a aplicação destas, no mundo ocidental se encontrar praticamente "demonizado", os apologistas do paradigma neo-marxista das RI usufruem ainda de prestígio e autoridade junto da comunidade científica.

Das teorias positivistas às pós-positivistas

A. Wendt, conhecido teórico das RI, classifica como existindo, até à data, três teorias clássicas persistentes nas RI assentes em dois pares de critérios[54]:

Materialismo vs Idealismo
Individualismo vs Holismo

O *materialismo* implica que na raiz dos processos levados a cabo no campo das relações internacionais se encontram *factos* materiais fixos e empiricamente fidedignos, os quais se desenrolam de acordo com a sua lógica inerente. A tarefa dos cientistas e dos analistas resume-se à descrição, compreensão, sistematização e interpretação das teorias (subjectivas). Aos políticos cabe a tarefa de construir uma estratégia racional tendo por base os padrões materiais propriamente ditos, não descurando as teorias mais relevantes por intermédio das quais estes são interpretados.

O *idealismo* advém da premissa que de não só os factos, mas também *os valores e os conceitos gnoseológicos*, isto é, o factor subjectivo predetermina a natureza dos processos que se desenrolam no campo das relações internacionais e, de igual modo, as alterações na percepção dos intervenientes ou a expansão do seu campo de acção podem afectar o aspecto material dos eventos e dos processos em curso. As normas são mais importantes que os factos, "as ideias contam", é a máxima dos idealistas nas RI.

Noutro registo sociológico dos opostos, encontramos duas outras abordagens: a *individualista* e a *holística* (veja-se L. Dumont[55]).

O *individualismo* implícita que as decisões são efectuadas pelos intervenientes (sejam quem forem) com base nas suas preferências egoístas, inspirados tão só pela implementação dos seus próprios interesses.

O *holismo* (do grego ὅλος – "todo") advém do facto *do todo ser maior que as partes* e, assim sendo, a sociedade, como um todo, determina as decisões e as escolhas dos seus elementos dispersos –

---

[54]Wendt, Alexander; *Social Theory of International Politics*, Cambridge: Cambridge University Press, 1999.

[55]Дюмон Л. Homo hierarchicus: опыт описания системы каст. M., 2001; *Dumont L. Essais sur l'individualisme. Une perspective anthropologique sur l'idéologie moderne*, Paris: Le Seuil, 1983; Idem. *Homo Æqualis I: genèse et épanouissement de l'idéologie économique*, Paris: Gallimard/BSH, 1977.

seja a sociedade dentro de um Estado em particular, ou de um conjunto de Estados ou classe.

Tendo por base estes dois pares de critérios, é possível, de acordo com A. Wendt, elaborar o seguinte esquema:

Materialismo vs Idealismo

Individualismo vs Holismo

Obtemos quatro modelos possíveis:

1) Materialismo + Individualismo. De acordo com Wendt, tal corresponde ao paradigma realista.
2) Idealismo + Individualismo = ao paradigma liberal.
3) Materialismo + Holismo = ao paradigma neo-marxista.
4) Idealismo + Holismo = ?

A interrogação resultante da quarta combinação de termos é de uma grande importância teórica para toda a disciplina das RI. As primeiras três combinações descrevem os paradigmas clássicos dominantes, aos quais se refere o marxismo, pese embora o pathos revolucionário e o estilo de análise conflitual. Todas estas formas de conhecimento correspondem à imagem do mundo científico moderno e têm por base comum um tema teórico, característico da Modernidade. Aqui tudo está sujeito à ideia de haver uma distinção muito clara entre *sujeito* e *objecto*, tendo ambos uma existência autónoma[56] - dependendo do tipo de filosofia podemos começar com determinado par tanto com base no sujeito (o liberalismo, nas RI) e com base no objecto (o realismo e o materialismo marxista nas RI).

Assim, três dos paradigmas das RI – o realismo, o liberalismo e o neo-marxismo – são vistos como *"positivistas"*. Operam todos tendo por base realidades empíricas "positivas" observáveis, confirmando as suas teorias pelo apelo que despertam ou refutando e criticando as teorias dos oponentes.

Mas, desde os anos 60, que nas Humanidades em geral (filosofia, sociologia, ciência política, etc.) surgiu um interesse cada vez maior pelo *pós-moderno* e a sua problemática especificamente intelectual, que procura ir além da imagem do mundo científico, que desenvolveu

[56]Латур Бруно. Нового времени не было. Эссе по симметричной антропологии. — СПб.: Изд-во Европейского ун-та в Санкт-Петербурге, 2006.

as suas principais características na alvorada dos tempos modernos (Descartes, Newton, Spinoza, etc.). O pós-modernismo, radicalizando em última instância a intuição de Kant, ergue questões acerca do próprio par – sujeito/objecto, considerando a existência (ontológica) dos dois como problemática e improvável. O estruturalismo e o apelo à língua e ao texto justificam esta dúvida, oferecendo, em vez do par tradicional significante/significativo, um apelo à linguagem e à sua estruturação, onde a colocação do denotatum (a separação objectiva, a existência positiva do objecto empírico no mundo externo, indicativa de um sinal linguístico, um apontamento) intercede com a conotação (campo semântico associado à linguagem em si, dando-lhe a carga semântica da marca, *não indo para lá da própria linguagem*). Isto leva à conclusão de que o objecto e o sujeito não existem separados um do outro; todo o conceito científico, sociológico e filosófico não passa de um *híbrido* complexo (B. Latour[57]).

O pós-modernismo, que vem a aumentar a sua influência junto do campo humanitário, em determinada altura estendeu-se à disciplina das RI. Surgiram assim toda uma nova série de novas teorias das RI, apodadas, colectivamente, como sendo "pós-positivistas" e estritamente distintas daquelas do "positivismo" (realismo, liberalismo e neo-marxismo). A estas teorias pós-positivistas corresponde a combinação enumerada por A. Wendt: *idealismo* + *holismo*. Agora, no seio da questão podemos colocar o termo "pós-positivismo" – como sendo o nome mais comum para esta série de novas teorias de RI que, de uma maneira ou de outra, são afectadas pelo pós-modernismo e pela metodologia específica deste.

O *idealismo* destaca a importância decisiva dada aos *conceitos* (teorias, ideias, pontos de vista, textos) quando comparados com a *"matéria"* (o campo empírico, considerado como secundário e derivativo). O *holismo*, por sua vez, trás à atenção o facto de estarmos a falar de *todo um sistema*, antes da alocução dos seus intervenientes atómicos individuais, não sendo possível a existência destes por si só (ou seja, o "rizoma"[58] de Deleuze ou o "corpo sem órgãos" de A. Artaud).

---

[57]Латур Бруно. Нового времени не было. Указ. соч.

[58]Делёз Ж., Гваттари Ф. Тысяча плато. Капитализм и шизофрения. Екатеринбург: У-Фактория; М.: Астрель, 2010

No patamar filosófico, o pós-positivismo apela às teorias do "jogo de linguagem" de Ludwig Wittgenstein[59], dos "paradigmas científicos" de T. Kuhn[60], do "campo científico" de P. Bourdieu[61], dos "regimes da verdade" de M. Foucault[62], do "interesse cognitivo" de Jurgen Habermas[63], etc.

Todos os paradigmas pós-positivistas derivam do ponto de vista de que a teoria é *o discurso auto-suficiente que cria a realidade*, em vez de um mero reflexo de uma situação objectiva a nível subjectivo (na sociedade, na História, na política, etc.).

Uma característica dos paradigmas pós-positivistas é a consideração de todos os aspectos das RI como construções que constroem de modo contínuo a realidade, o fruto de tais construções torna-se simultaneamente no mundo externo (sendo as relações internacionais, por si só, um facto empírico) e daqueles que dirigem esse processo (os construtores, intervenientes, analistas e políticos). É importante realçar que em tal análise não lidamos apenas com a menção do facto dos processos mais objectivos das relações internacionais serem programados, controlados e provocados por alguém.

Tal seria o "idealismo" clássico das RI, característica também do paradigma liberal, que permanece bastante "positivista". Na sua forma mais extrema, resultaria numa "teoria da conspiração", cujos elementos encontramos numa série de sociólogos de esquerda (em alguns neo-marxistas e no sociólogo C. Wright Mills[64]). Os pós-modernistas vão ainda mais longe e denunciam que não só o objecto das RI não passa de uma construção de cima a baixo, do princípio ao fim, mas que também o sujeito resulta desta actividade criadora, embora se encontre no outro extremo do processo cognitivo.

Ao criarem a "realidade" das relações internacionais, os teóricos e os intervenientes das RI, junto da classe governante ou dos intelectuais radicais que se lhes opõem, criam-se *a si mesmos* – estabelecendo pontos separados e *figuras artificiais* no seio de um processo ainda mais complexo do movimento holístico e multidimensional. Daqui

---

[59]Ludwig Wittgenstein; *Philosophische Untersuchungen. Kritisch-genetische* Edition. Herausgegeben von Joachim Schulte. Wissenschaftliche Buchgesellschaft. Frankfurt 2001.

[60]Кун Т. Структура научных революций. М.: Прогресс, 1977.

[61]Бурдье П. Поле науки. М.: Институт экспериментальной социологии, СПб.: Алетейя, 2002.

[62]Фуко Мишель Интеллектуалы и власть: Избранные политические статьи, выступления и интервью - М.: Праксис, 2002.

[63]Хабермас Ю. Политические работы. — М.: Праксис, 2005.

[64]Миллс, Ч. Р. Властвующая элита. М.: Иностранная литература, 1959.

advém o "holismo" dos teóricos pós-positivistas. E deste parte o método principal, utilizado por todos os pós-modernistas: a *desconstrução. Desconstruir significa a identificação das fases e da estruturação do processo que dá origem ao "mundo objectivo" e ao "sujeito" que constitui (cria) esse "mundo objectivo" graças ao processo cognitivo.* O objectivo da desconstrução é identificar o texto basilar, com base no qual se desenrola o discurso das RI como disciplina. Identificar o campo das RI com o *texto* e a aplicação deste às tecnologias estruturantes pode servir, utilmente, como metáfora para a compreensão de toda a abordagem pós-positivista.

As teorias pós-positivistas nas RI: principais características e nomenclatura

Podemos destacar algumas das características inerentemente comuns a todas as teorias pós-positivistas, sem qualquer excepção. Separamo-las em quatro níveis:

- Epistemológico (estatuto e natureza do conhecimento e da ciência nas RI).
- Metodológico (critério de validação das hipóteses científicas),
-Ontológico (estatuto da experiência empírica e da existência autónoma das realidades investigadas).
- Normativo (significado das ideias líder na influência da realidade).

Pós-positivismo:

- *Questiona epistemologicamente* a atitude positivista perante o conhecimento e a percepção, critica o apelo às formulações *"objectivas"* e empiricamente validadas da capacidade crítica quanto às realidades sociais e naturais;
- *Descarta metodologicamente* qualquer um dos métodos científicos como sendo o mais "verdadeiro" e afirma a equivalência dos diferentes métodos (P. Feyerabend – "anarquismo epistemológico"[65]), identifica como sendo prioritárias as estratégias interpretativas;
- Descarta *ontologicamente* os conceitos *racionalistas* da natureza e das actividades humanas, realçando o *construtivismo* social quanto à identidade dos intervenientes e o papel desta identidade *construída* na constituição dos interesses e das acções;

---

[65]Фейерабенд П. Против метода. Очерк анархистской теории познания. М.: АСТ; Хранитель, 2007.

- *Normativamente* nega a axiologia da teoria "neutral", nega mesmo a sua mera possibilidade, denunciando as afirmações da "imparcialidade científica" e esforçando-se por expor e derrubar as estruturas do poder e as relações entre estas em todo e qualquer discurso.

É fácil comprar os principais pontos das abordagens positivistas e pós-positivistas, por exemplo na seguinte tabela[66]:

Positivismo	Pós-positivismo
a) Acredita que as ciências naturais e as humanidades podem ser investigadas com base no mesmo método, ou seja, que são edificadas sobre a análise racional de factos positivos empiricamente fiáveis (não questiona a natureza, a estrutura do racionalismo nem o positivismo dos factos);	a) A mente e a natureza são coisas radicalmente diferentes, além disso são predeterminadas pelas atitudes sociais e não existem por si só; recorre à gnoseologia constitutiva, tem uma compreensão construtivista do mundo;
b) Há uma diferença *ontológica* entre factos e valores: os factos são objectivos enquanto que os valores são subjectivos;	b) Os factos e os valores derivam das atitudes sociológicas comuns e não passam de construções sociais;
c) Na esfera das relações internacionais há uma regularidade de causas, que pode ser identificada com o auxílio do método científico;	c) As relações causais não são autónomas, são pensadas de antemão e, como tal, são criadas por pessoas (aquilo que não seja pensado como razão das RI, não existe);
g) A validade (valor de fiabilidade) das explicações que propõe podem ser justificadas com base nas observações empíricas (estatísticas).	g) As observações empíricas na esfera social dependem por completo dos procedimentos de observação são "válidos" apenas no contexto de um "campo científico" concreto, perdendo a validade noutro contexto, sou seja: o seu valor é sempre relativo.

[66]Batistella D.; *Theories des relations internationales*, P: Presse de Sciences Po, 2003.

As teorias pós-positivas nas RI da autoria de vários autores são classificadas de modo diferente. Em alguns casos, a sua abordagem insere-se na dos paradigmas mais gerais, noutros é completamente independente. Abaixo mostramos o modelo mais amplamente aceite para a classificação dessas teorias[67].

Ao pós-positivismo nas RI atribuem-se estas inclinações:

Radicais

- Teoria crítica nas RI,
- Pós-modernismo nas RI,
- Feminismo nas RI,

Não-radicais

- Sociologia histórica,
- Normativismo nas RI.

O *construtivismo* ocupa uma posição especial, cujos apologistas (A. Wendt, J. Rosenau) insistem possuir muitas semelhanças com o positivismo (ontologicamente, reconhecendo a realidade dos factos no campo das relações internacionais) e com o pós-positivismo (gnoseologia, o reconhecimento do papel decisivo dos conceitos, das ideias e do discurso na construção da 'realidade' das relações internacionais).

A Teoria Crítica nas RI

A *teoria crítica* deriva do neo-marxismo, mas repudia não só a sua versão materialista ("as bases determinam o que sucede na super-estrutura") como adopta uma versão idealista no espírito de Gramsci (a super-estrutura é relativamente autónoma quanto às bases e tem a possibilidade de as influenciar). O fundador desta inclinação nas RI foi R. Cox[68].

Os apologistas da teoria crítica nas RI (R. Cox, R. Ashley no início, E. Linklater, M. Hoffman, etc.) repudiam a definição gramsciana da "hegemonia" como "ordem tendo por base o domínio, embora não seja entendido como tal por aqueles que dele são vítimas". Por outras palavras, a hegemonia é a estruturação das relações de poder,

---

[67]Reus-Smit Ch., Snidal D.; *International Relations*, Oxford:Oxford University Press 2008.

[68]Robert W. Cox, "Social Forces, States and World Orders: Beyond International Relations Theory" in *Millennium* 10, 1981; Idem. "Gramsci, Hegemony and International Relations: An Essay in Method" in *Millennium* 12, 1983.

pressupondo necessariamente a existência da dialéctica hegeliana da dualidade Mestre-Escravo[69], mas negando formalmente a existência de tal hierarquia e o escravo colectivo (o elemento subordinado) não sente que a sua situação seja de "obediência" e "esclavagismo". *A hegemonia é o domínio a fazer de conta que é "a ausência de domínio".* Assim sendo, por definição não possui qualquer estatuto legal. Existe de modo meramente factual, como constatação sociológica, embora jurídica e psicologicamente tal seja negado e ignorado.

Robert Cox[70] analisa o modo como as estruturas do poder (seja a elite capitalista nacional ou mundial) constroem o seu discurso no âmbito das RI com o intuito de criar uma imagem de "objectividade" e "neutralidade" à sua análise "científica", quando na realidade agem deste modo com o propósito único de assegurar os interesses da sua própria classe e do seu próprio poder. Nisto seguem as premissas do marxismo clássico. Ao mesmo tempo, realça R. Cox, todas as teorias dominantes nas RI não são meros avanços teóricos que têm como objectivo uma "verdade científica objectiva", trata-se de "teorias criadas ad hoc para resolver problemas específicos" (teorias para a resolução de problemas). Assim sendo, essas teorias servem um só propósito: criar e perpetuar a hegemonia da classe capitalista.

A tarefa da teoria crítica nas RI é a de expor as ferramentas gnoseológicas por detrás disto. A ideia condutora de Cox é a seguinte: as relações internacionais valem tanto quanto a sua descrição nas teorias das RI e essas teorias valem tanto quanto os seus teóricos. Ao afirmarem estudar a verdade empírica, esses teóricos na realidade estão a construir activamente a realidade em torno do eixo da classe dirigente. As relações entre os Estados, principais actores no teatro das relações internacionais, separam e unem os blocos *à medida que estes são concebidos pelos intelectuais* que servem a burguesia global. A desconstrução e a denúncia crítica das estruturas que dominam o discurso e a denúncia da hegemonia do campo implícito para o campo explícito mina o seu efeito hipnotizante e permite revelar o mecanismo de sugestão, engano e manipulação utilizado pelos teóricos feridos pela parcialidade.

Em tal teoria a ontologia (mesmo no sentido do positivismo clássico marxista, localizada na esfera das forças produtivas e nas relações com a produção) não ocupa grande espaço, parte-se do princípio de que a

---

[69]Гегель. Феномеология духа. Санкт-Петербург: Наука, 1994.

[70]Cox R., Schechter, M.; *The Political Economy of a Plural World: Critical Reflections on Power, Morals and Civilizatio,* Routledge: Londres e Nova Iorque, 2002.

"realidade" é o que é e se encontra presa à descrição do discurso hegemónico dominante.

Como alternativa, Cox propõe um projecto de *"contra-hegemonia"* tendo por base a denúncia da ordem instalada nas relações internacionais, apelando a uma *rebelião* contra esta. Esta rebelião deve, antes de mais, ser cognitiva. *O capital nada mais é do que o discurso.* E a sua antítese, o proletariado, também possui uma arma – o intelecto e a palavra. Ou seja, o proletariado é também o discurso, mas em sentido contrário.

R. Cox defende a criação de um *bloco histórico contra-hegemónico*, tendo por base aqueles intervenientes da política mundial que, por uma razão ou outra, rejeitam a existência da hegemonia, estando cientes do facto da existência desta e dispostos a fazer-lhe frente com projectos gnoseológicos, epistemológicos, normativos e, por fim, antologicamente alternativos.

Outro representante da teoria crítica nas RI, Andrew Linklater[71], defende a sujeição de todas as teorias das RI à desconstrução e que, por sua vez, se adopte, em vez das várias versões do discurso dominante, o modelo alternativo da dialógica da comunidade. Todas as bases sobre as quais se ergue o axiomatismo dos realistas e dos liberais são sujeitas ao exercício da desconstrução por parte dos apologistas da teoria crítica. Os processos que decorrem desta desconstrução constituem o conteúdo essencial das suas polémicas obras teóricas.

Do marxismo clássico rejeitam o fatalismo, o materialismo histórico e a confiança no determinismo do desenrolar da história mundial.

---

[71]Linklater A.; *Critical Theory and World Politics: Citizenship, sovereignty and humanity*, L,NY: Routledge, 2007.

O pós-modernismo nas RI

O *Pós-modernismo nas RI* (por vezes também apodado de "pós estruturalismo em RI[72]") é defendido na pessoa de R. Ashley[73], com base na filosofia de Nietzsche e Heidegger, e também por R. Walker[74] e J. Der Derian[75], que desenvolve as ideias dos filósofos pós-modernistas como Michel Foucault, J. Derrida, etc. Os pós-modernistas nas RI são metodologicamente semelhantes aos apologistas da teoria crítica, e por vezes são tidos como fazendo parte da mesma inclinação.

R. Ashley insiste em que para a área das RI foi transferido o ideal principal da gnoseologia pós-moderna: o sujeito e o objecto não existem de modo separado e autónomo, encontram-se intrinsecamente ligados um ao outro em toda a História mundial. Assim sendo, nas RI surge um novo interveniente completamente diferente - análogo ao Dasein de Heidegger ou ao rizoma de Deleuze. Não se trata do sujeito/objecto como um par, mas *do que se encontra entre eles* que predetermina tanto o contexto social como o histórico. *Compreendendo a realidade, o homem altera-a, alterando-se a si mesmo.* Não existe qualquer realidade à qual seja estranha este processo.

A desconstrução do realismo levou os pós-modernistas à seguinte conclusão: ao falarem acerca do que é "real" na Realpolitik, os teóricos das RI *criam* essa realidade, obrigando todos os outros a reconhecê-la e tornando real o cenário clássico da relação entre os poderes instalados. O mestre e o escravo são incluídos, inicialmente, na estrutura da "realidade", cabendo aos realistas o pressuposto de "estudá-los e descrevê-los de modo objectivo". Mas as relações de poder já se encontravam no objecto de estudo das RI, não por mérito próprio mas por terem sido ali *projectadas* pelo discurso do sistema hierárquico, no qual a vontade de poder coincide com a vontade do saber (M. Foucault).

Noutro exemplo: o indivíduo, que terá que lidar com os conceitos realistas, não é descoberto como sendo uma figura incompetente no campo das RI, é *visto* como tal logo à partida levando directamente à usurpação das suas competências pelos poderes instalados e os

---

[72]Ashley Richard; "The Achievements of Poststructuralism" in Steve Smith, Ken Booth, Marysia Zalewski (eds.), *International Theory: Positivism & Beyond*, Cambridge: Cambridge UP, 1996. C. 240-253.

[73]Ashley R., Walker R. B. J. (eds.); "Speaking the Language of Exile: Dissidence in International Studies" in *International Studies Quarterly*, Vol. 34, No. 3. September 1990.

[74]Walker Rob. B. J.; *Inside/Outside: International Relations as Political Theory*, Cambridge: Cambridge UP, 1993.

[75]Derian James Der, Shapiro Michael J. (eds.); *International/Intertextual Relations: Postmodern Readings of World Politics*, Lexington, MA: Lexington Books, 1989.

intelectuais que o servem e que atribuem a si mesmos a influência que negam a todos os outros. Assim sendo, o próprio conceito do indivíduo é, afirmam os pós-modernistas, uma forma de discriminação e um instrumento da exacerbação consciente da ignorância, da passividade e da submissão das massas.

Ashley desconstrói sistematicamente as teorias e conceitos clássicos das RI. A "anarquia internacional" é reconhecida por este não só como sendo uma constatação do estado factual das coisas no campo das relações internacionais, mas como uma valorização velada da ordem e da soberania de modo artificial, o que seria uma falsa legitimação da ordem e da autoridade no seio do Estado[76]. A parelha de conceitos tais como anarquia/poder, união/divisão, identidade/diferença possuem um valor moral velado e reflectem valores criadas estabelecidos tendo por base análises supostamente neutras[77].

O feminismo nas RI

Outro tipo de pós-positivismo nas RI é o *feminismo* (Jane Elshtain[78], Cynthia Enloe[79], Ann Tickner[80], etc.). Metodologicamente, o feminismo tem várias vertentes[81] que determinam a abordagem feminista na área das RI. O feminismo de base acredita que a mentalidade feminina e a própria visão global da mulher é qualitativamente diferente da dos homens e que o "cosmo feminino" deve ser reconhecido como um universo espiritual auto-suficiente à parte, tendo boas razões para insistir nos seus próprios arquétipos de género em relação a todas as áreas (inclusive a das RI). Assim sendo, Anna Tickner, típica representante do "feminismo de base" sugere que "a reformulação feminista dos cinco princípios do realismo de Hans Morgenthau[82] nas RI, tendo por base o facto de todos os termos chave estarem formulados de uma perspectiva estritamente masculina: objectividade,

---

[76]Ashley R.; "The Powers of Anarchy: Theory, Sovereignty, and the Domestication of Global Life" in Derian D. (ed.), *International Theory: Critical Investigations*, Londres: MacMillan, 1995.

[77]Ashley R.; "The Eye of Power: The Politics of World Modeling" in *International Organization*, Vol. 37, No. 3 Verão de 1983. C. 495-535.

[78]Elshtain J. B.; *Women and War*, NY: Basic Books, 1987.

[79]Enloe Cynthia; *Bananas, Beaches and Bases: Making Feminist Sense of International Politics*, Londres: Pandora Press 1990.

[80]Tickner J. Ann; *Gendering World Politics*, Columbia University Press. 2001.

[81] Clough P. T.; *Feminist Thought*, Cambridge: Blackwell Publishers, 1994.

[82]Tickner J. Ann; "Hans Morgentau's Principles of Political Realism. A Feminist Reformulation" in Derian D. (ed.); *International Theory: Critical Investigations*, Londres: MacMillan, 1995.

lei, força, interesse, rejeição da moral, nação, etc. são construções axiais da linguagem do domínio *masculino*, tais como desigualdade, privatização, captura e esclavagismo. As contrapartes femininas seriam: participação, preocupação, amizade, flexibilidade, mitigação, harmonização da subjectividade, perdão e igualdade. Ou seja, da "perspectiva feminina" as RI tornam-se num conceito completamente diferente de realidade.

A base filosófica do realismo de Hobbes, do "homem ser o lobo dos homens"[83] que fora transferido para as relações entre os Estados, é sujeito de igual modo a uma desconstrução feminista. Hobbes utiliza a fórmula latina "homo homini lupus", mas homo significa "homem", para as mulheres esse não é o cerne da questão. Consequentemente, a metáfora basilar sobre a qual se ergueram todos os principais axiomas da ciência política, a teoria do Estado, a soberania e a anarquia nas relações internacionais só serve para metade da Humanidade. E valerá a pena basear a *totalidade* da disciplina teórica somente na "perspectiva masculina", ignorando a perspectiva feminina? Se substituirmos o "homem" (homo) por "mulher" na fórmula "o homem é o lobo dos homens", toda a fórmula cai por terra e é necessária a criação de uma fórmula nova, sob a qual é possível construir uma teoria completamente diferente das RI.

A. Tikner critica amplamente os neo-realistas, por exemplo, M. Waltz pela própria criação do termo e, de igual modo, por ter intitulado o seu livro programático de "Homem, Estado e Guerra[84]", já Cynthia Enloe defende que "ao alterarmos a teoria, não estamos a mudar um mero ponto de vista acerca do mundo, estamos a mudar o próprio mundo", e caso a teoria das RI seja desenvolvida em favor da mulher, de modo correspondente pode alterar a própria realidade. Realça, por exemplo, as associações públicas das "Mães de Soldados" que podem vir a exercer uma pressão importante nas decisões políticas[85].

As feministas pós-modernistas chegam a conclusões diferentes. Para estas a desigualdade dos sexos é inerente à natureza (uma dualidade primária da espécie humana) e, assim sendo, a libertação da mulher só será possível por intermédio da rejeição do sexo como tal, por intermédio da transição que nos tornará seres assexuados ou de género neutro (ciborgues, a este propósito foi redigido um "manifesto

---

[83]NDE: também traduzido com o sentido "o homem é o predador dos homens".

[84]Waltz. M.; *Man, State and War*, Columbia University Press. Nova Iorque: 1959.

[85]Enloe Cynthia; *Bananas, Beaches and Bases*, Op. cit.

ciborgue" pela feminista Donna Haraway[86]). Quanto ao campo das RI, as feministas pós-modernistas chegam a conclusões parecidas às dos neo-marxistas e dos altermundialistas no espírito de A. Negri e M. Hardt (a multitude deve libertar-se de todas as predeterminações, inclusive a do género[87]). Isto leva-nos aos conceitos da "sociedade de redes", aos projectos do transumanismo para a futurologia pós-humana.

O feminismo marxista leva a cabo uma análise classicista à desigualdade dos sexos, apelando, no espírito do marxismo clássico, à igualdade social no decurso da construção da sociedade comunista.

O feminismo liberal insiste tão só na plena igualdade de direitos entre o homem e a mulher, reconhecendo implicitamente a universalidade do mundo Homem. Neste caso, a mulher obtém uma posição igualitária na sociedade e, consequentemente, a capacidade de participar activamente nas RI, mas da perspectiva masculina – adoptando os arquétipos, as atitudes e os comportamentos masculinos.

Os vários tipos de feminismo atacam a área das RI por todos os lados, denunciando o "sistema" nesta disciplina como sendo a "via masculina"[88].

O normativismo nas RI

A teoria crítica, o pós-modernismo e o feminismo são normalmente catalogados como pós-positivistas radicais. Mas existem inclinações mais suaves.

A abordagem não-radical do pós-positivismo nas RI é classificada, normalmente, como sendo a *normativa* (M. Walzer[89], C. Brown[90], M. Frost[91]) e a *sociologia histórica* (F. Halliday[92], S. Bobden[93], J. Hobson[94],

---

[86]Haraway Donna; "A Cyborg Manifesto: Science, Technology, and Socialist-Feminism in the Late Twentieth Century" in *Simians, Cyborgs and Women: The Reinvention of Nature.* Nova Iorque; Routledge, 1991. C.149-181.

[87]Негри А., Хардт М. Империя. Указ. Соч.

[88]Игра слов main stream в английском дословно «основной, главный поток»; male stream – «мужской поток».

[89]Walzer Michel; *Thinking Politically*, Yale: Yale University Press, 2007.

[90]Brown Chris; *Understanding International Relations*, Basingstoke: Palgrave Publishing, 2005.

[91]Frost M.; *Towards a Normative Theory of International Relations & Ethics and International Relations Consensus*, Cambridge: CUP, 1986.

[92]Halliday Fred; *Rethinking International Relations*, Londres: Macmillan, 1994.

[93]Hobden Stephen; *International Relations and Historical Sociology: Breaking Down Boundaries*, NY:Routledge, 1998.

B. Buzan[95], R. Little[96], S. Smith[97], etc. - quase todos descendentes da escola tradicional inglesa, que realça a importância dos aspectos sociológicos na teoria das RI).

A teoria normativa nas RI analisa *os valores em vez dos factos*. Realça a importância do estudo o modo como os vários autores e escolas definem e descrevem aquilo que julgam ser este ou aquele sistema, instituição, relações e estruturas no campo das relações internacionais. Os normativistas não se interessam pela realidade das relações internacionais, tais quais são, mas como deviam ser com base nas teorias que as descrevem. Os normativistas estudam a teoria como *projecção da realidade*, atribuindo aos factos e aos processos empíricos uma importância secundária, ou sem sequer lhes prestarem atenção.

Os *normativistas*, com destaque para M. Walzer[98], aplicam às RI o princípio da "descrição densa", criado pelo antropólogo C. Geertz[99]. A descrição da sociedade ou do sistema político (no nosso caso, o sistema das RI) pode ser quer "diluído" ("superficial", ligeiro) ou "denso".

Nos aspectos a ter em conta incluem-se apenas os aspectos mais espectaculares do fenómeno, os que primeiro nos despertam a atenção, predeterminando estes tudo o resto. Com base nas relações entre a sua eminência e todos os outros fenómenos constroem-se as teorias clássicas dos positivistas nas RI (e a esmagadora maioria das teorias dos outros campos do saber). A descrição "densa" requer uma análise mais aprofundada e multidimensional dos vários aspectos do fenómeno, tendo em conta aqueles aspectos que, à primeira vista, nos parecem menores e irrelevantes - tudo aquilo que diga respeito às nuances da cultura, dos valores, da vida, das atitudes psicológicas, dos hábitos, das tradições históricas, da miríade de significados inerentes a todas as sociedades como se fossem um só fenómeno. As teorias clássicas descartam estes factores, satisfeitas que estão com a

---

[94]Hobden Stephen, Hobson John M.; *Historical sociology of international relations*, Cambridge: Cambridge University Press, 2001.

[95]Buzan Barry, Little Richard; "The historical expansion of international society in Denmark", Robert Allen, (ed.), *The international studies encyclopaedia*, Wiley-Blackwell in association with the International Studies Association, Chichester, UK., 2010.

[96] Little R.; *The Balance of Power in International Relations: Metaphors, Myths and Models*, Cambridge University Press, 2007.

[97]Smith S. M., Booth R., Zalewski M. (eds.), *International Theory: Positivism and Beyond*, Cambridge: Cambridge University Press, 1996.

[98]Walzer M.; *Thick and Thin: Moral Argument at Home and Abroad Notre Dame*, IN: Notre. Dame University Press, 1994.

[99]Geertz Clifford; *Thick Description: Toward an Interpretive Theory of Culture/ Geertz Clifford. The Interpretation of Cultures: Selected Essays*, Nova Iorque: Basic Books, 1973.

descrição "diluída" (com um alto nível de redução) e partindo do princípio de que há que separar as instâncias mais importantes (o Estado - dos realistas, o Estado e a democracia - dos liberais, as classes - do marxismo, etc.) de modo exaustivo e ignorar todos os outros factores, mero vector resultante dessa síntese. Como primeira abordagem, uma descrição "diluída" é, normalmente, o suficiente. Mas do ponto de vista estreitamente científico tal não é aceitável, insistem os normativistas, dado que a investigação aprofundada e as descrições "densas" normalmente revelam os factores e os ratios, as relações que alteram por completo o objecto analisado e, destaque-se, predizem e descrevem sistematicamente as falhas, crises e síncopes inerentes a este que escapam ao olho do método positivista. "O sentido das coisas tem a sua importância" - bem podia ser esta a fórmula normativista para as RI.

A sociologia histórica

Os defensores da *"sociologia histórica"*, concebida no seio da geração mais recente dos cientistas da escola inglesa das RI, fundamentam os seus conceitos na crítica a duas características que consideram como sendo as mais notáveis e estando presentes em quase todas as teorias das RI: o cronofetichismo e o tempocentrismo (S. Hobden[100]). Apodam de "cronofetichismo" a (falsa) crença inerente aos teóricos das RI de que a ordem nas relações internacionais, que existe actualmente, é natural e surgiu por si só, sendo a única ordem possível de modo espontâneo, "espontânea" e "eterna". Tamanha premissa assombra o estudo dos processos e dos mecanismos do poder, oculta a lógica da formação da identidade social e ignora o equilíbrio entre inclusão/exclusão que, colectivamente, não é "para sempre", encontrando-se sujeito a uma série de alterações.

O "tempocentrismo" é a ilusão de isomorfismo (homogeneidade) de todos os sistemas de relações internacionais que existem ou que já existiram, tendo por base os modelos que hoje em dia prevalecem, tornando difícil a compreensão da essência das relações internacionais na sua evolução histórica.

Colocando as RI num contexto histórico, os defensores da "sociologia histórica" conseguem identificar os "sistemas internacionais" (B. Buzan e R. Little[101]), e cada qual representa um modelo muito particular de interacção entre os vários intervenientes

---

[100]Hobden S., Hobson John M.; *Historical sociology of international relations*, Op. cit.

[101]Buzan Barry, Little Richard; *International Systems in World History: Remaking the Study of International Relations*, Oxford: Oxford University Press, 2000.

quer dentro quer fora das unidades políticas que, neste contexto, podem ser condicionalmente apodadas de "relações internacionais". Ao desenvolver a abordagem histórico-sociológica para a análise dos sistemas internacionais, B. Buzan levanta uma questão muito importante: a construção das teorias das RI será possível num contexto histórico, ideológico e sociológico diferente do Ocidente? Trata-se de uma questão muito pertinente por parte da sociologia histórica, o que a torna numa ferramenta extremamente importante para a fundamentação da Teoria do Mundo Multipolar (da qual iremos tratar no próximo capítulo).

Uma atenção acrescida quanto ao passado e ao carácter das transformações históricas dos "sistemas internacionais" permite não só aprofundar a compreensão do presente, como também conceber o futuro (dado que neste caso há que estar ciente de possíveis alterações), pois esse cria-se agora. Para lá das realidades "positivas" das teorias clássicas das RI, a "sociologia histórica" desafia constantemente as variáveis semânticas e as configurações que requerem um cuidado muito especial para serem tidas em conta. Quando comparadas com conceitos tão sofisticados, as teorias clássicas das RI parecem meros esboços inspirados em reducionismos simplistas e não comprovados.

O construtivismo nas RI

Entre o paradigma positivista e o pós-positivista, encontramos o *construtivismo* (A. Wendt[102], N. Onuf[103], M. Finnemore[104], J. Ruggie[105], P. Katzenstein[106], S. Guddzoni[107], etc.).

Os defensores desta inclinação concentram-se primariamente na esfera cognitiva - ou seja, o pensamento. Martha Finnemore afirma[108] que a política mundial é, antes de mais, predeterminada não pela estruturação objectiva da relação entre as forças materiais, mas da

---

[102]Wendt A.; *Social Theory of International Politics*, Cambridge University Press, 1999.

[103]Onuf Nicholas; *World of Our Making: Rules and Rule in Social Theory and International Relations*, Columbia: University of South California Press, 1989.

[104]Finnemore Martha; *National Interests in International Society*, Cornell: Cornell University Press, 1996.

[105]Ruggie John; "What Makes the World Hang Together? Neo-utilitarianism and the Social Constructivist Challenge" in *International Organization* 52, 4, Outono de 1998.

[106]Peter J. Katzenstein (ed.) *The Culture of National Security: Norms and Identity in World Politics*, Nova Iorque: Columbia University Press, 1996.

[107]Guddzini Stefano; "A reconstruction of Constructivism in IR" in *European Journal of International Relations Copyright*. Vol. 6(2) 2000.

[108]Finnemore Martha; *National Interests in International Society*. Op. cit.

estruturação cognitiva que advém das ideias, crenças, valores, normas e instituições mutuamente aceites como intervenientes. As RI, segundo esta, resulta não do equilíbrio do poder, mas das significações e dos valores sociais[109]. Já Peter Katzenstein, outro construtivista, chama a atenção para a importância dos factores culturais nas RI, que em determinadas situações se podem tornar decisivos. Demonstra que a estruturação ideal, a que constitui as normas compartilhadas pelos intervenientes, não afecta só o seu comportamento, contribui também para a constituição dos próprios intervenientes, para a construção da sua identidade e dos seus interesses – interesses esses que são mais que objectos à espera de ser descobertos, são *construções de interacções sociais*. O ambiente cultural não afecta só a motivação do comportamento dos Estados, afecta também o carácter fundamental desses mesmos Estado e, assim defende, a sua identidade[110].

A mesma questão é tratada por outro dos fundadores da abordagem construtivista nas RI, Nicholas Onuf, que defende que as estruturas e os agentes (intervenientes) das relações internacionais se afectam uns aos outros e se redefinem de modo constante, reconstituindo-se. Na sua obra, cujo título se tornaria num resumo do programa do construtivismo, escreve que no "mundo, criado por nós", não só as relações tornam as pessoas no que elas são, mas que as pessoas tornam essas relações naquilo que são por intermédio da mútua interacção e da interacção com a natureza.[111]

Outro destacado representante da corrente construtivista e um dos seus principais teóricos, Alexander Wendt, distingue três modelos possíveis para a tradução do paradigma cultural:

- No paradigma realista, o Estado partilha a cultura de modo coagido;
- No liberal – com base nos seus próprios interesses;
- No construtivismo, propõe-se a colocação da ênfase no consenso da legitimação: o Estado partilha a cultura, tornando-se a cultura num factor *estrutural* e *estruturante*, criando e recriando os Estados por intermédio da sua identidade e dos seus interesses.

Wendt descreve esta abordagem inserida na defesa do seu sistema de categorias: materialismo/idealismo – individualismo/holismo[112], como já mencionáramos. A combinação entre idealismo e holismo, que

---

[109]Finnemore Martha; *National Interests in International Society*. Op. cit.

[110]Peter J. Katzenstein (ed.) *The Culture of National Security*, Op. cit.

[111]Onuf Nicholas, *World of Our Making*, Op. cit.

[112]Wendt Alexander; *Social Theory of International Politics*, Cambridge University Press, 1999.

não encontra qualquer paralelo nas teorias clássicas do positivismo, descamba no pós-positivismo (particularmente na fronteira deste com o construtivismo) do modo seguinte:

O idealismo consiste no facto do sistema internacional das RI ser concebido como um conjunto das partes, consistindo estas de ideias, partilhadas pelos Estados, e não do equilíbrio de força (poderio) ou dos meios de produção; as estruturas sociais são predefinidas por ideias, divulgadas pelos intervenientes, e não por relações materiais, ou seja: são a razão de ser da *cultura* como conjunto da sabedoria socialmente compartilhada.

Neste contexto o holismo significa que os interesses dos Estados não são endógenos aos intervenientes (Estados, empresas, indústria ou indivíduos: tanto faz) e não se encontram rigidamente fixados, são criados e afectados por todo o sistema internacional. Ou seja, *o campo das relações internacionais é um ambiente vivo independente e elementar*; os interesses e as ideias dos intervenientes sociais são construídos tendo por base ideias, que partilham, ou seja pela *cultura* na qual se encontram inseridos e nunca são impostos de maneira definitiva seja a quem for, sem uma interacção externa.

Em vez de identificar o principal interveniente das RI - Estado, regime ou classe - Wendt propõe quatro níveis de identidade:

a) A *identidade corporativa*: o Estado como interveniente organizacional, associado à sociedade que gere por intermédio das estruturas do poder político (disto abunda o realismo);

b) A *identidade tipo*: constituída pelo regime e pelo sistema económico bem como, em parte, pelas características sociais (digna de nota é a relatividade destes conceitos nas relações internacionais entre sociedades diferentes: nuns casos aplica-se um critério, noutros utiliza-se outro critério) - aqui concentram a sua atenção os liberais e os transnacionalistas;

c) A *identidade dos cargos*: constituída pelas propriedades dos Estados e as suas relações com outros Estados (distinção dos pares hegemonia/satélite, promoção do status-quo/Estado, insatisfação quanto à sua posição no actual ambiente internacional - o conceito do "poder insatisfeito"); aqui encontramos os neo-realistas e os representantes da escola inglesa das RI;

d) A *identidade colectiva*: identificação de dois ou mais Estados como pertencendo a um só "Ego", como sendo parte de um todo (aqui encontramos os neo-liberais, os neo-realistas e, novamente, representantes da escola inglesa das RI).

Aplicando de modo consistente esta análise da realidade, o método demonstra que tudo o que é nacional (segurança, interesse, sobrevivência, etc.) se encontra imerso nas normas e nos valores que constituem essas identidades. O interesse nacional, então, consiste de ideias e crenças partilhadas de modo internacional; estruturam, nomeadamente, a vida política internacional e dão-lhe sentido.

Wendt interpreta a noção basilar da "anarquia" nas RI separando-a em três variantes:

- A anarquia de Hobbes (o outro como inimigo);
- A anarquia de Locke (o outro como concorrente);
- A anarquia de Kant (o outro como amigo).

O primeiro caso dá-nos o delineamento conceptual das análises realistas. O segundo, o dos liberais. O terceiro modelo permite a compreensão do modelo pós-estatal na organização da Humanidade na forma da sociedade civil global, hostil a qualquer Estado (neo-liberalismo, trans-nacionalismo, em parte o sistema mundial do neo-marxismo ajustado ao antagonismo classicista).

Estatuto da teoria pós-positivista nas RI

Os paradigmas pós-positivistas, em toda a sua diversidade, têm vindo a tornar-se, nas décadas mais recentes, numa componente essencial de toda a disciplina científica das RI e a sua relevância não para de crescer.

Quanto a essas abordagens, há que realçar que, metodologicamente, são demasiado complexas para ocuparem um lugar de destaque nos casos em que se torne necessário aplicar um conceito de política externa às massas. Os pós-positivistas vislumbram os métodos filosóficos e sociológicos como sujeitos da sua investigação, investigando não as relações internacionais per si mas as teorias das RI, sendo esta, como disciplina, um produto "secundário". Daí o seu potencial crítico: representam "uma ciência de segundo nível" na qual a reflexão racional (crítica) se sujeita a racionalidade científica. Isto cria um "estado" adicional, uma dimensão especial de reflexão científica. Fazer uso de tais teorias num debate mais amplo torna-se, aparentemente, irrelevante uma vez que requerem um alto nível de competências.

Mas, pelo contrário, a abordagem pós-positivista tem vindo a ser alvo de cada vez mais atenção na comunidade científica das RI. E, em parte, alguns dos aspectos dos seus paradigmas científicos têm vindo a ser incorporados em vários projectos e programas ligados às RI.

Podemos sintetizar o estado das coisas nesta área do seguinte modo: hoje em dia há a possibilidade de aceder à política externa e exercer actividades no campo das relações internacionais tendo por base as teorias do positivismo clássico nas RI, e tal bem pode ser o suficiente. Mas no patamar da ciência académica, a participação em conferências científicas, debates e simpósios dignos de nota não é o suficiente, sem estar familiarizado com as tendências pós-positivistas nas RI nenhum especialista em negócios estrangeiros terá as competências mínimas necessárias.

Os actuais paradigmas e teorias das RI não incluem uma teoria aprofundada do mundo multipolar

Foi necessário dar uma vista de olhos a todo o espectro das teorias já em existência das RI para ilustrar o seguinte facto: *actualmente não existe qualquer um dos paradigmas já existentes uma Teoria do Mundo Multipolar, seja completa ou aprofundada, no actual contexto nem se encontra reservado sequer o espaço para tal teoria.*

Durante muito tempo a área das RI foi considerada como sendo uma "ciência americana", dado ter sido praticamente toda desenvolvida nos Estados Unidos. Mas nas décadas mais recentes o seu estudo disseminou-se pelos institutos e pelas instituições academias de todo o mundo. Mas até agora esta disciplina comporta uma marca explícita do centrismo ocidental. Foi desenvolvida nos países ocidentais na era da modernidade e preserva uma ligação histórica e geográfica ao contexto na qual surgiu originalmente. Isto reflecte-se, particularmente, em redor dos principais eixos nos quais se desenvolveu as RI como disciplina (realistas vs liberais), reflectindo as especifidades das principais preocupações e problemas da política externa americana por si só (contendo de certa maneira o debate clássico entre os isolacionistas e os expansionistas dos EUA).

No último estágio, principalmente entre as abordagens pós-positivistas, nota-se uma tendência para a *relativização do centrismo dos EUA* (o centrismo ocidental, em geral), tendência esta que faz com que sintam um impulso claro para a democratização das teorias e dos métodos, para a expansão dos critérios a um nível mais equiparado dos vários intervenientes das RI e uma análise mais extensa ("densa") da sua estruturação semântica e identidades. Aproxima-se da relativização da hegemonia epistemológica do Ocidente. Até agora, *os próprios críticos da hegemonia ocidental têm por base as leis dessa mesma hegemonia.* Assim sendo, os conceitos tipicamente ocidentais de democracia e democratização, liberdade e igualdade são transferidos para as sociedades não-ocidentais, e por vezes até opostas ao Ocidente, como se esses conceitos fossem "algo universal"[113]. Se a oposição ao Ocidente se fizer sob a bandeira do universalismo dos valores ocidentais, então tal confrontação está destinada a permanecer como algo estéril.

Para ultrapassarmos a fronteira da civilização ocidentalizada, temos que nos afastar de todos os seus conceitos teóricos e de todas as duas estratégias metodológicas - mesmo aquelas que sejam hostis ao Ocidente. O único modelo de RI verdadeiramente alternativo e, de igual modo, a estruturação de uma ordem mundial só pode surgir *opondo-se a todo o espectro das teorias ocidentais das RI* - positivista mas, também, parcialmente pós-positivista.

A ausência de uma Teoria do Mundo Multipolar (TMM) entre as teorias que já analisámos não é um mero acaso ou descuido, trata-se de um facto natural: neste contexto, todas as teorias se encontram codificadas tendo por base a hegemonia cognitiva (epistemológica) do Ocidente. Contudo, teoricamente pode ser desenvolvida. E a existência do espectro das teorias já existentes das RI irão somente auxiliar-nos na sua correcta formulação.

Se começarmos seriamente a construir tal teoria, afastando-nos logo à partida da hegemonia cognitiva do Ocidente nas RI, questionando as teorias existentes como base axiomática, podemos, num segundo patamar, tomar de empréstimo algumas das componentes desta esfera, especificando sempre em detalhe as condições e o contexto nos quais as iremos implementar. Nenhuma das teorias existentes, falando honestamente, tem qualquer relevo para a construção da Teoria do Mundo Multipolar. Mas muitas delas contêm elementos que, pelo contrário bem podem, sob determinadas condições, ser integrados na Teoria do Mundo Multipolar (TMM).

---

[113]Sen Amartya; "Democracy as a Universal Value" in *Journal of Democracy*, 10 de Março de 1999.

III
Base Teórica do Mundo Multipolar

Hegemonia e a sua desconstrução

A criação da Teoria do Mundo Multipolar deve iniciar-se com uma profunda análise histórico-filosófica da própria disciplina das RI.

Neste caso são extremamente úteis as *teorias pós-positivistas* que tentam (a maior parte das vezes em vão) ultrapassar as fronteiras do "etnocentrismo"[114] - característico da cultura, da ciência e da política ocidental e europeia - para desconstruir a vontade de poder e o domínio do Ocidente (dos EUA, no último período histórico) como centro principal de todo o discurso teórico nesta área. Os representantes da teoria crítica e do pós-modernismo nas RI, e em menor medida os da sociologia histórica e do normativismo, demonstram descritivamente que todas as teorias contemporâneas das RI são construídas *em torno do discurso hegemónico*. Este discurso hegemónico é característico da civilização euro-ocidental, enraizado no ideal greco-romano da estruturação da Ecúmena, em cujo centro se coloca o cerne da "civilização" e da "cultura" e, na periferia, se encontram as zonas "bárbaras" e de "selvajaria". Tal era também característico de outros impérios – Pérsia, Egipto, Babilónica, China – e da civilização indiana, que invariavelmente se consideravam como sendo "o centro do mundo", o "reinado do meio".

Num patamar mais baixo da abordagem "etnocêntrica", presente em praticamente todas as tribos e colectivos arcaicos, deparamo-nos com mapas de geografia cultural em cujo centro se encontra a própria tribo (ou povo) e em seu redor – dependendo da distância – o mundo externo, gradualmente desumanizado até à zona do "mundo do além" – dos espíritos, monstros e outras criaturas míticas.

A genealogia do universalismo ocidental moderno remonta ao tempo dos impérios medievais e, ainda mais longe no tempo, até à antiga civilização greco-romana e, eventualmente, até ao etnocentrismo arcaico dos colectivos das mais simples tribos e hordas arcaicas. De todas as vezes até as tribos menos desenvolvidas se consideram a si mesmas como "humanas" e até "seres superiores", rejeitando tal estatuto aos seus vizinhos mais próximos, mesmo quando estes exibem atributos técnicos e sociais muito mais

[114]Самнер У. Народные обычаи. М, 1914.

desenvolvidos que a cultura da dita tribo[115]. Os pós-positivistas interpretam tal como sendo uma *atitude cognitiva primária*, que a posteriori procura selectivamente (ou cria, caso não existam) argumentos imparciais que confirmam essa "superioridade" imaginada, bem como esse "universalismo" imaginário.

Ultrapassar *a hegemonia ocidental como base do discurso ocidental*, substituindo-o no contexto histórico e geográfico, é o primeiro passo fundamental para a elaboração da Teoria do Mundo Multipolar. O multipolarismo só se tornará real desse modo, sendo possível recorrer à *desconstrução da hegemonia* deixando à vista as pretensas ocidentais quanto ao universalismo dos seus valores, sistemas, métodos e fundamentos filosóficos. Caso seja impossível ultrapassar a hegemonia, todo e qualquer modelo "multipolar" não passará de uma qualquer espécie de teoria ocidento-cêntrica. Aqueles que, pertencendo à cultura intelectual do Ocidente, procuram ultrapassar as limitações da hegemonia e criar um discurso contra-hegemónico (por exemplo R. Cox), acabam, fatalmente, por se manter circunscritos à hegemonia, dado elaborarem a sua crítica tendo por base os postulados da "democracia", da "liberdade", da "igualdade", dos "direitos humanos", etc., que por sua vez não passam de complexos do *ponto de vista ocidento-cêntrico*. Optam pela via correcta, mas acabam por não conseguir ir até ao fim. Compreendem a artificialidade e a falsidade do suposto universalismo da sua civilização, mas não conseguem aceder a estruturações civilizacionais alternativas. É por isso que a teoria contra-hegemónica tem que originar *para lá das limitações* do campo dos significados ocidentais, numa zona intermédia – entre o "centro" do sistema mundial (empregando o termo de I. Wallerstein) e a periferia, (onde, por via das circunstâncias culturais, a correcta compreensão da hegemonia ocidental é tão improvável que deve até ser ignorada). O "Segundo Mundo", dado o seu envolvimento no diálogo constante e intensivo com o Ocidente pode, de certo modo, reconhecer a natureza e a estrutura da hegemonia e, por outro lado, ter no seu seio as bases de sistemas alternativos de valores culturais e critérios civilizacionais nos quais nos podemos fiar quanto à rejeição da hegemonia. Ou seja, a contra-hegemonia no espaço intelectual do Ocidente está destinada a ser

---

[115]Exemplos vívidos desta abordagem cultural podem ser encontrados nas obras de vários antropólogos culturais, em particular nas de Daniel Everett, que estudou uma das tribos mais arcaicas da América do Sul, os "Pirahã" – Everett D.; *Don't Sleep, There are Snakes*, Nova Iorque: Pantheon Books, 2008. См. также Дугин А. Социология воображения. М., 2010; Он же. Этносоциология. М., 2011.

meramente *abstracta*, enquanto que na zona do "Segundo Mundo" se pode muito bem tornar em algo *concreto*.

O primeiro passo é centrar-nos na vontade de poder do Ocidente como civilização.

Hoje em dia o Ocidente simula o universalismo e o absolutismo do seu sistema de valores, impondo-os como sendo algo *global*. Na base desse sistema encontra-se a tentativa da reorganização do mundo, disseminando neste aqueles procedimentos, normas e códigos que foram criados no Ocidente nos séculos mais recentes. Como vimos, a equiparação da cultura local à universal, e de determinado colectivo quando comparado com o resto da humanidade, (ou, pelo menos, parte desta, como a elite disposta a agir em seu favor) é uma característica de *todas* as sociedades - seja imperial ou arcaica. A pretensão da civilização ocidental ao universalismo não contém, em si, nada de único nem de extraordinário. O etnocentrismo, a divisão do mundo em grupos-nós (como regra, nós - "os melhores, a norma, o exemplo") e em grupos-eles (como regra, eles - "os piores, hostis, o inimigo"[116]) é uma constante social. Contudo, a aparente aleatoriedade e relevo desta premissa são continuamente ignorados, reconhecia até nas sociedades mais desenvolvidas e complexas, que demonstram uma grande flexibilidade de juízos e de aptidões na compreensão de muitos outros assuntos. *A vontade de poder conduz as sociedades, mas evita diligentemente uma visão clara acerca de si mesmas.* Tentam ocultar-se por detrás das "provas" de um complexo sistema argumentativo.

A elaboração da TMM começa com o *reconhecimento do Ocidente como centro da hegemonia e na fixação de axiomas claros e desambiguados*. Uma vez que a tentemos desenvolver iremos deparar com uma intensa objecção, uma oposição oriunda dos intelectuais ocidentais. Esta censura, dirão, é completamente válida dado o passado europeu. Mas na actualidade até a cultura ocidental rejeita as práticas colonialistas e as teorias eurocêntricas, adoptando como norma a democracia e o multiculturalismo. Para nos opormos, podemos situacionalmente basear-nos na visão marxista e demonstrar que o Ocidente, na era burguesa, equiparou o seu destino ao do capital e tornou-se na localização geográfica deste. E a razão de ser do capital é o domínio sobre o proletariado, razão pela qual sob a máscara da "democracia" e da "igualdade" nas circunstâncias capitalistas se encontra a mesma vontade de poder e as práticas da exploração e da violência. Deste modo agem os defensores da teoria crítica, estando

---

[116]См. Sumner W. *FOLKWAYS.* Boston: Ginn, *1907.*

completamente certos. Mas para não nos atarmos ao marxismo nem aos seus dogmas, muitos deles inaceitáveis dado o seu distanciamento do óbvio, *torna-se necessário expandir a base teórica da denúncia da hegemonia e a sua substituição num contexto sócio-económico para outro mais geral – civilizacional e cultural.*

A crítica às aspirações hegemónicas da civilização ocidental partiu dos eslavófilos russos e foi continuada no século XX pelos representantes da corrente eurásica. O príncipe N.S. Trubetskoy na sua obra "A Europa e a Humanidade"[117] delineou as bases da inclinação ideológica dos eurásicos, recorrendo a análises filosóficas, culturais e sociológicas demonstra de modo brilhante o artificialismo e a falta de fundamento da pretensão universalista do Ocidente. Realçou a insuficiência gritante dos estratagemas utilizados, como o da redução, por exemplo do fundamental tomo "Teoria da Lei Pura"[118] do jurista Hans Kelsen, dedicada quase que exclusivamente à lei romana e à jurisprudência europeia, como se não existissem outros sistemas legais (persa, chinês, indiano, etc.). A equiparação entre "europeu" e "universal" não tem razão de ser. Tem por base unicamente o facto da sua força física e da sua superioridade tecnológica, *o direito da força*. Mas este direito da força tem limitações específicas, onde se aplicam as leis das comparações materiais e da justaposição. A transferência destas características para as esferas do intelectual e do espiritual é uma espécie de "racismo" e "etnocentrismo". Tendo isto em mente, os eurásicos elaboraram a teoria da multiplicidade de tipos histórico-culturais (iniciada por N. Danilevsky[119]) na qual o actual tipo ocidental (a civilização germano-romana) representa tão só um *localismo geográfico* e um *episódio histórico*. A hegemonia e o sucesso obtido na sua imposição a terceiros é um facto que não pode ser ignorado. Mas ao ser reconhecida como tal, deixa de ser "evidente" ou "destinada" e torna-se meramente num discurso, num processo criado pelo homem, um fenómeno subjectivo que pode ser, ou não, aceite e com o qual se pode concordar ou discordar.

A contra-hegemonia, cuja necessidade substanciam os defensores da teoria crítica nas RI, pode bem ser complementada com um arsenal intelectual completamente diferente – oriundo da área dos conservadores eurásicos, que fundamentam a sua oposição ao Ocidente não tendo por base nem o "proletariado" nem a "igualdade", mas a cultura, a tradição e os valores espirituais.

---

[117]Трубецкой Н. С. Наследие Чингисхана. М.: Аграф, 2000.

[118]Kelsen H.; *Reine Rechtslehre*, Viena, 1934.

[119]Данилевский Н. Россия и Европа. М., 2007.

É, então, importante desvendar por intermédio de qual *metamorfose* tem a hegemonia ocidental passado nos séculos mais recentes.

Quando lidamos com um Estado ou um Império tradicionais, a vontade de poder expressa-se de modo *distinto e declarado*. Assim foi durante o período de Alexandre da Macedónia, do Império Romano, do Sacro Império Romano da nação alemã, etc., mas na base do universalismo imperial mais recente encontramos, primeiro, a filosofia e a cultura gregas, depois o Direito romano e, por fim, as igrejas cristãs. Nos seus vários estágios a vontade de poder do Ocidente exprimiu-se na forma da sociedade hierárquica e da estratégia imperial quanto aos seus vizinhos, que ou se fundiram à Ecúmena ocidental ou, não sendo possível, tornaram-se inimigos dos quais esta se precisava de proteger. As relações de poder e a estruturação do domínio eram transparentes tanto a nível da política interna como na das relações internacionais. As características de tamanho "sistema internacional" foram estudadas em pormenor por B. Buzan e por R. Little, que as definiram como "antigas" ou "clássicas"[120]. Aqui trata-se de uma hegemonia assumida e transparente, como tal não se trata do sentido que Gramsci compreendia como "hegemonia" dado o domínio aqui ser implementado de modo explícito, e assim é entendido por aqueles a quem se dirige. O poder explícito pode ser tolerado ou, se possível e desejado, derrubado. Mas voltando à hegemonia (no sentido de Gramsci), tudo se torna mais complicado.

A hegemonia como tal surge nos Novos Tempos (Época dos Descobrimentos) quando se altera por completo o "sistema internacional" - do "clássico" para o "global" (B. Buzan, R. Little). O Ocidente entra nos Novos Tempos e muda radicalmente as bases do seu universalismo e a formalização da sua vontade de poder. Desde então age sob a bandeira do "Iluminismo", do "progresso", da "ciência" e do "intelecto" juntamente com a luta contra os "preconceitos" do passado em nome de um "futuro melhor" e da "liberdade humana". Durante este período formam-se os Estados nacionais e emergem os primeiros regimes democráticos burgueses. E embora este período histórico conheça as práticas monstruosas do esclavagismo e da colonização, bem como as guerras sangrentas entre os poderes "iluminados" da Europa, presume-se que a humanidade (que equivale ao Ocidente) entrou numa nova era e dirige-se a passo rápido para o "progresso", para a "liberdade" e para a "igualdade". A vontade

[120]Buzan B., Little R.; *International Systems in World History*, Oxford: Oxford University Press, 2010.

imperial assumida e o conceito da "Ecúmena cristã" transforma-se num novo universo de ideais, que podemos resumir sob o conceito único de "progresso". Agora, o "progresso" é entendido como sendo um valor universal, mas eu seu nome são empregues novas formas de domínio. Isto é denunciado, de modo brilhante, pelos pós-modernistas das RI, que interpretam o crescimento técnico da civilização ocidental na era moderna como uma nova versão da vontade de poder, mas estruturalmente modificada. Doravante as relações hierárquicas deixam de ser entre "cristãos" e "bárbaros" e passam a ser entre as sociedades "progressivas" e as sociedades "retrógradas", entre a "sociedade moderna" e a "sociedade tradicional". O nível de desenvolvimento técnico torna-se no critério para a distribuição dos papéis hierárquicos: os países desenvolvidos tornam-se em "mestres" e os não desenvolvidos em "escravos". No primeiro estágio da era moderna esta nova estrutura de desigualdade expressa-se, de modo brusco, com a prática da colonização. Mais tarde adopta formas mais veladas. Seja como for, o "sistema global" das RI, que reflecte as atitudes principais da Era Moderna, é uma ordem completamente hegemónica onde o elemento homogeneizador é o Ocidente e que aspira ao controlo absoluto, tanto na esfera estratégica como na cognitiva. Trata-se de uma ditadura da *técnica* europeia tanto quanto da *mentalidade* europeia. Consequentemente, as características sociais da sociedade ocidental da modernidade, e dos seus aliados, são consideradas como obrigatórias para todos os outros povos e culturas. E tudo aquilo que difira desse sistema é visto com suspeição, como algo "subdesenvolvido", "subocidental". Na verdade, transfere-se a teoria do "sub-humano" do campo *biológico* (dos racistas alemães, que são também um produto secundário da modernidade europeia, como demonstra H. Arendt[121]) para o campo *cultural.*

No campo das teorias das RI são avassaladores os partidários do realismo e do liberalismo, que elaboram os seus conceitos como derivados do suposto universalismo do Ocidente e dos seus valores e interesses e, consequentemente, emendam e apoiam activamente a ordem hegemónica.

Noutro patamar, o modelo unipolar, a abordagem multilateral e até o globalismo apolar são também variações da formulação da hegemonia – seja directa ou declarada (o unipolarismo e, numa versão mais leve, o multilateralismo) ou implícita e velada (a globalização dos neo-liberais e o trans-nacionalismo bem como os projectos

121Арендт Х. Истоки тоталитаризма. М.: ЦентрКом, 1996.

construtivistas representam todos formas de expansão dos códigos ocidentais sobre todo o planeta).

Consequentemente, a elaboração da Teoria do Mundo Multipolar deve empregar-se por intermédio da rejeição do próprio cerne da hegemonia ocidental e, por interposição, das teorias das RI que nele se inspirem.

Mais difícil é a questão da teoria marxista nas RI. Por um lado, critica duramente a hegemonia, interpretando-a como uma forma de domínio inerente ao capitalismo. Nesta crítica é extremamente relevante e produtiva. Mas por outro lado, deriva do mesmo ideal eurocêntrico do "progresso" dos tempos modernos, da "evolução", "igualdade", etc., o que a coloca no contexto geral dentro do discurso *ocidental*. Mesmo quando os marxistas se mostram solidários com a luta de libertação dos povos do Terceiro Mundo, e dos países não-ocidentais em geral, contra o domínio ocidental, vislumbram para esses países um cenário de desenvolvimento universal que reproduza o modo de vida das sociedades ocidentais e não contemplam a possibilidade de uma lógica histórica diferente por si só. Os marxistas apoiam as nações não-ocidentais na sua luta anti-colonial, com o intuito de que estas passem *o mais rapidamente possível* pelos estágios ocidentais da evolução e da criação da sociedade, como já sucedeu nas sociedades do Ocidente. Todas as sociedades têm que passar pela fase capitalista e pelas classes que a compõem devem internacionalizar-se por completo. Estes aspectos do marxismo nas RI são contrários à Teoria do Mundo Multipolar, pois:

- Inspiram-se no mesmo universalismo ocidental;
- Reconhecem o vector unidireccional da História como sendo comum a todas as sociedades;
- Indirectamente justificam a existência do capitalismo e da ordem burguesa, considerando-os como uma fase necessária do desenvolvimento social, sem passar por esta fase será impossível a revolução e a construção do comunismo.

O marxismo é *o outro lado da hegemonia ocidental*, embora criticando os seus aspectos mais falsos e odiosos e revelando a sua natureza classicista, não questiona a *justificação histórica nem a fatalidade* da ordem das coisas. Os marxistas e os apologistas do sistema mundial raciocinam que: a hegemonia ocidental é horrível, mas é também inevitável, é inútil combate-la directamente dado que tal apenas irá *atrasar* o advento da revolução mundial. Tal significa que a vertente marxista nas RI não deve ser entendida como sendo a antítese da hegemonia dado o seu paradoxo e não desvalorização das suas *invariáveis* metodológicas e conceptuais.

Mais próximas da Teoria do Mundo Multipolar encontram-se, nomeadamente, *as teorias pós-modernistas* que criticam a própria modernidade e, por vezes, concebem até generalizações anti-ocidentais e defendendo um confronto directo contra a hegemonia e a sua vontade de poder, parte do seu vector axial.

Entre essas teorias as de maior interesse são aquelas que, no processo de desconstrução da hegemonia ocidental, colocam o Ocidente de modo claro numa estrutura espaço-geográfica, rastreando a evolução do domínio ocidental tanto cronologicamente como geograficamente no mapa mundi[122]. Em paralelo, concretizam a análise epistemológica dos conceitos e da esquemática intelectual que em cada era histórica formularam a vontade de poder do Ocidente, justificando a sua hegemonia. As obras deste género demonstram que o Ocidente é uma civilização entre civilizações, como tal a sua pretensão ao universalismo encontra-se reduzida ao nível das fronteiras históricas e geográficas. Nesse sentido, a "sociedade moderna" e o conjunto de teses que lhe associamos (secularismo, antropocentrismo, a primazia da técnica, pragmatismo, hedonismo, individualismo, materialismo, consumismo, transparência, tolerância, democracia, liberalismo, parlamentarismo, liberdade de expressão, etc.) surgem como algo *local e transeunte* – nada mais do que um *momento* na História mundial, com limites muito estreitos. Tal análise mina o principal pré-requisito da hegemonia ocidental – ocultar-se sob a afirmação universalista, definida como algo "auto-evidente e óbvio". Aqui encontramos uma grande contribuição por parte dos pós-positivistas para a elaboração da Teoria do Mundo Multipolar.

Mas aqui o cerne da questão (se calhar, meramente retórico) é o seguinte: porque razão é que a área pós-positivista, por si só, não elaborou uma teoria acerca do multipolarismo? Porque a relativização do Ocidente e a desconstrução da sua hegemonia foram o seu ponto de partida e, assim sendo, foram levados pela sua oposição a fazer referência a outras civilizações e a outros pólos, e ao longo desse percurso elaboraram análises aprofundadas a essas alternativas

---

[122]As mais relevantes, neste caso, são as teorias de Fernan Braudel que afectam, em particular, o conceito de sistema mundial de I Wallerstein. См. Бродель Ф. Динамика капитализма. Смоленск: Полиграмма, 1993; Он же. Материальная цивилизация, экономика и капитализм, XV—XVIII вв. в 3 тт. М.: Весь мир, 2006.

civilizacionais de modo a poderem apresentar a perspectiva de um mundo policêntrico. Mas a maior parte dos pós-positivistas só costumam abordar os *limites lógicos* do discurso ocidento-cêntrico, propondo não um *abandono* do Ocidente e da modernidade mas um *passo em frente*, para o pós-historicismo do mundo, o qual surgiria após a morte da modernidade, mas com uma relação de continuidade lógica, histórica e moral quanto a esta. Em vez de desconstruírem os princípios da "liberdade", da "democracia", da "igualdade", etc., os pós-modernistas insistem meramente numa "liberdade maior", numa "verdadeira democracia" e na "plena igualdade", criticando a modernidade por as impossibilitar. Aqui se baseiam os argumentos dos filósofos[123] e dos sociólogos actuais sobre a possibilidade de considerar a pós-modernidade como um paradigma alternativo novo em oposição à modernidade ou se estamos meramente a lidar com uma alta modernidade, uma ultra-modernidade ou uma "nova modernidade" que leve as premissas e a norma à sua concretização lógica, já identificada mas só podendo ser implementada no final da era moderna.

Contudo, os pós-positivistas, pese embora o todo o seu mérito e a utilidade das suas obras para a elaboração da Teoria do Mundo Multipolar, mantêm-se profundamente *ocidentais* (independentemente do que fossem à partida) e continuam a pensar e a agir dentro das mesmas limitações impostas pela civilização ocidental, da qual fazem parte, embora a critiquem devotamente (note-se que o convite ao criticismo racional é parte inerente do próprio modelo da era moderna).

Os pós-modernistas *abrem o caminho* para a construção da Teoria do Mundo Multipolar, dado que por intermédio das suas obras se torna evidente a hegemonia do Ocidente, descrevendo pormenorizadamente o fenómeno e as afirmações do universalismo dos valores ocidentais. Tal significa que esta se torna revelada, desmascarada, deixando de ser eficaz, como nos casos nos quais a sua presença não é reconhecida nem notada. Os valores e as atitudes ocidentais encontram-se localmente e historicamente limitadas, não são nem constantes nem globais e, consequentemente, uma ordem mundial que os tenha como base é uma expressão do domínio hegemónico e produto da expansão do seu foco no ambiente do mental

---

[123]См. Хабермас Ю. Философский дискурс о модерне. Пер. с нем. — М.: Издательство «Весь Мир», 2003. Или Бауман З. Текучая современность — Санкт-Петербург: Питер, 2008. А также Дугин А. Постмодерн или ультрамодерн?/Дугин А. Поп-культура и знаки времени. Спб: Амфора, 2005. С. 436-445.

e do ideal, mas não se trata nem de destino, nem de progresso, nem de uma lei objectiva do desenvolvimento ou sequer de uma fatalidade predefinida. Assumindo-o e justificando-o pareceremos estar num *frente a frente* contra a hegemonia. Já não toma conta de nós a pouco e pouco, embebendo-nos e tomando conta da nossa vontade e da nossa consciência; é objectivada na forma de uma força externa e alienígena que tenta impor sobre nós o seu poder absoluto por intermédio da sugestão e da coacção. Ao olharmos, pelo menos uma vez, directamente para esta, olhos nos olhos, deixamos de ser os mesmos.

Civilização

Pese embora a elevada relevância das teorias pós-positivistas das RI, não foram estas as que mais se aproximaram da TMM, quem mais se aproximou foi um dos representantes da vertente conservadora da política americana, um ferrenho apoiante do realismo, o filósofo político Samuel Huntington. Num ensaio essencial, e posteriormente num polémico livro, "O Choque das Civilizações"[124] elaborou uma imagem conceptual do balanço de poder no mundo actual, que em geral pode ser visto como um esboço à TMM numa primeira abordagem.

Huntington, na obra em epígrafe, que o tornou mundialmente famoso dando origem a um fluxo de reacções, analisa as condições da nova ordem mundial, instalada após o colapso do mundo bipolar. Debate com o seu discípulo, outro analista político bem conhecido – Francis Fukuyama, que ao interpretar o fim do mundo bipolar chegou à conclusão do "fim da História"[125], ou seja o advento do triunfo do modelo liberal-democrata à escala planetária e a globalização. No espírito do paradigma neo-liberal das RI, Fukuyama descobriu que:

- A democracia se tinha tornado uma norma universal em todo o mundo e, assim sendo:
- Doravante minimizaram-se as ameaças dos conflitos militares (se é que não desapareceram por completo – pois "as democracias não combatem umas com as outras";
- A única norma passou a ser a concorrência comercial a nível mundial;

[124]Huntington Samuel; *The Clash of Civilizations and the Remaking of World Order*, Londres: Simon, 1996; NDE: *O Choque das Civilizações e a Mudança na Ordem Mundial*, Lisboa: Gradiva Publicações, 1999.

[125]Фукуяма Ф. Конец истории и последний человек. М.: АСТ, 2004.

- A sociedade civil tornou-se mais importante que os Estados-nação e torna-se eminente a proclamação de um governo mundial;

Huntington discorda destes postulados pessimistas. De acordo com ele:

- O fim do mundo bipolar não leva automaticamente ao estabelecimento de uma ordem mundial homogeneamente liberal-democrata e, consequentemente:
- A História não acabou e é prematuro falar acerca do fim dos conflitos e das guerras.

O mundo já não é bipolar, mas também não se tornou global ou unipolar. Delineou-se uma configuração completamente nova, novas colisões, novos confrontos, tensões e conflitos. Huntington chega no momento mais crucial e coloca uma hipótese completamente fundamental e ainda extremamente subvalorizada, sobre *quem será o interveniente, o principal actor, o protagonista deste mundo futuro.* Este considera que esse interveniente dá pelo nome de *civilizações.*

Este passo conceptual deve ser considerado o início de uma teoria completamente nova – a Teoria do Mundo Multipolar. Huntington efectuou o principal: localizou o principal interveniente – a civilização, e menciona também a multiplicidade desses intervenientes, empregando a palavra no próprio título na sua forma plural: confronto de *civilizações.*

Caso concordemos com Huntington neste momento crucial, surgimos num campo conceptual que se encontra para lá das teorias clássicas das RI e até mesmo dos paradigmas pós-positivistas. Temos somente que reconhecer a multitude das civilizações e identificá-los com os principais actores (intervenientes) do novo sistema de relações internacionais, enquanto nos envolvemos na primeira concepção do *mapa do mundo multipolar.* Identificamos o pólo da dita ordem multipolar: *o pólo da civilização.* Consequentemente, é possível responder de imediato à questão crucial de quantos pólos deve a ordem multipolar possuir. A resposta é a seguinte: *tantos quantas as civilizações existentes.*

Assim, graças a Huntington, temos a primeira aproximação à nova teoria. Esta teoria postula um modelo no qual existem vários *centros decisores* das opções tomadas no campo das relações internacionais, e esses centros correspondem às civilizações.

Historicamente, Huntington pertence à vertente realista da escola das RI. Assim sendo, passa imediatamente da identificação das civilizações como intervenientes da nova ordem mundial à análise da probabilidade de conflito (confronto) entre elas. Pensado do mesmo modo está o modelo base da avaliação dos interesses nacionais: primeiro, na análise das relações internacionais tem-se em conta a probabilidade dos conflitos, a supressão das zonas de interesse e a capacidade para assegurar a segurança e a defesa. Mas a diferença fundamental recai no facto dos realistas clássicos aplicarem esses critérios aos Estados-nação, vistos como os principais actores no teatro das relações internacionais, numa realidade estreitamente constituída e legal, reconhecida internacionalmente, aplicando Huntington essa mesma abordagem à civilização – um conceito muito mais vago e difuso ainda por investigar. Contudo, a intuição de Huntington e a mudança qualitativa na alteração do interveniente da nova ordem mundial dos Estados-nação para as civilizações são os aspectos mais relevantes da sua teoria. Tal abre novas vias para a compreensão das relações internacionais e lança os alicerces para a elaboração da TMM.

Torna-se importante compreender de modo claro *o que é a civilização* e qual o seu conceito, principalmente para a TMM.

A civilização não é um conceito que surja noutras teorias das RI – nem nas positivistas, nem nas pós-positivistas. Não é um Estado nem um regime político, não é uma classe, uma rede, uma comunidade nem um grupo de indivíduos. *A civilização é a comunidade colectiva, unida pelas mesmas tradições históricas, culturais, mentais e simbólicas (normalmente tendo uma base religiosa, embora não necessariamente por intermédio de uma religião em particular), cujos membros estão cientes da sua proximidade, sendo irrelevante a sua filiação nacional, política, ideológica ou de classe*[126].

Após a obra basilar de Oswald Spengler[127] alguns autores compartilham a correlação entre "civilização" e "cultura", na qual a "cultura" significa os aspectos comuns espirituais e intelectuais e a "civilização" significa a fixação de um aparato tecnológico racional e respectivas estruturas. De acordo com Spengler, a civilização é a cultura "morta", a cultura que perdeu a sua força interior e o desejo de crescer e florescer, rebaixando-se à alienação da forma mecânica. Contudo, esta divisão não é aceita de modo absoluto e em muitas obras (por exemplo nas de Arnold Toynbee) os conceitos de "civilização" e

---

[126]Para outras definições, veja Katzenstein Peter J.; *Civilizations in World Politics: Plural and Pluralist Perspectives*, Londres, RU: Routledge, 2010.

[127]Шпенглер О. Закат Европы. Образ и действительность. М.: "Наука", 1993.

"cultura" são praticamente sinónimos.[128] Para nós, é relevante que Samuel Huntington entenda por "civilização" praticamente o mesmo que "cultura", descrevendo e enumerando as civilizações não é um mero acaso este destacar as religiões e os sistemas religiosos.

No campo teórico das RI este conceito é definido pela primeira vez e colocado no papel de possível interveniente da política global.[129]

- De acordo com a classificação de Buzan/Little, no sistema *clássico* ou *antigo* das relações internacionais (da sociedade tradicional, da pré-modernidade) figuram como intervenientes os Estados e os Impérios tradicionais);
- No sistema *global* (das relações internacionais na era moderna) os Estados nacionais são de tipo burguês;
- No sistema *pós-moderno* mais recente – para além dos Estados são intervenientes também as comunidades em rede de foro transnacional, os grupos assimétricos e outras "multitudes".

Nenhum destes sistemas inclui as civilizações como intervenientes. A civilização, como conceito, encontra-se na ciência política, na sociologia e ainda nos estudos culturais. Mas nas RI este conceito surge agora pela primeira vez.

A lógica de Huntington, que propor a hipótese da civilização nas RI, é bastante transparente. O fim do mundo bipolar e do confronto entre dois campos ideológicos, o capitalista e o comunista, termina com a vitória do capitalismo e a liquidação da URSS. Doravante o Ocidente capitalista deixa de ter um inimigo "formal", capaz de justificar o sue posicionamento dum ponto de vista racional e inteligível, que lhe permita oferecer um cenário simétrico alternativo ao sistema mundial e provar, na prática, a sua competitividade. Com base nisto, Fukuyama chega à nefasta conclusão de que o Ocidente se tornara num fenómeno global e que todos os países e sociedades se tinham tornado parte dum mesmo campo homogéneo, reproduzindo com pequenas variações a democracia parlamentar, a economia de mercado e a ideologia dos direitos humanos. Assim sendo, para Fukuyama encontra-se alterada a era dos Estados-nação e o mundo encontra-se no limiar de uma integração integral e final. A humanidade torna-se na sociedade civil global, a política abre caminho à economia, a guerra é substituída pelo comércio, a ideologia liberal torna-se universalmente reconhecida como sendo a incontestável norma, todos os povos e culturas se

---

[128]Тойнби А. Постижение истории. М.: Прогресс, 1991.

[129]Buzan B., Little R.; *International Systems in World History*, Oxford: Oxford University Press, 2010.

misturam num mesmo cadinho cosmopolita.[130]

Fukuyama, neste caso, empregou as regras da análise estreita. Identifica correctamente as características mais gritantes dos eventos. Na verdade, o fim do socialismo elimina do palco histórico o maior inimigo ideológico da democracia liberal, tornando-a "universal". Nenhuma outra ideologia detém, nesta altura, a disseminação, a atracção e a credibilidade suficientes para competir realmente com o liberalismo. Quase todos os países do mundo aceitaram os padrões de facto e de jure da civilização ocidental. Existem poucas sociedades que ignorem os padrões da democracia, da economia de mercado e da liberdade de imprensa, mesmo quando se encontram ainda num estado de transição tendo em vista o modelo ocidental. Tal é razão suficiente para declarar "o fim da História" que, mesmo embora ainda não tenha ocorrido, irá emergir dentro em breve. A conclusão semelhante chegaram os neo-realistas, que justificam assumidamente a hegemonia dos EUA (R. Gilpin, Charles Krauthammer), os neo-liberais (que acolheram a vitória da democracia nos países do Bloco de Leste) e alguns pós-modernistas (que viram na globalização novos horizontes para a liberdade individual).

Huntington por sua vez leva a cabo uma análise "densa", prestando mais atenção ao detalhe, ao aspecto qualitativo dos processos analisados, tentando melhor compreender a profundidade das transformações do mundo pós-bipolar. Conclui que a modernização e a democratização, bem como os padrões do liberalismo de mercado, na realidade só afectaram as sociedades ocidentais e que todos os outros países aceitaram essas regras sob a pressão da necessidade e não as enraizaram nas suas culturas, tomando pragmaticamente de empréstimo apenas algumas partes da civilização ocidental – práticas e tecnológicas. Huntington lembra-nos o fenómeno, disseminado nos países não-ocidentais, da "modernização sem a ocidentalização", que ocorre quando as sociedades não-ocidentais tomam de empréstimo alguma da tecnologia ocidental, mas tentam adaptá-la às condições locais e, uma e outra vez, dirigi-la *contra esse mesmo Ocidente.* A democratização e a modernização das sociedades não-ocidentais torna-se, portanto, ambígua e relativa à luz da primeira análise, não garantindo os resultados que seriam de esperar sem ter em conta o fundo interno desses processos. Quanto mais o Ocidente estende as suas

[130]Posteriormente, Fukuyama reconhece o seu optimismo precoce acerca da globalização liberal e admite que, na realidade, a situação se encontra ainda bem longe de ser como a descreveu na sua obra. Francis Fukuyama, "Ideas do mean. A discussion with A. Dugin" in *Profile,* 2007.

fronteiras, incluindo em si "todos os outros" (o resto, as sociedades não-ocidentais) mais exacerbada é a sua *ambiguidade* e maior a brecha entre o Ocidente e as regiões não-ocidentais que deste obtêm as suas novas tecnologias e fortalecem o seu potencial enquanto que, ao mesmo tempo, preservam os seus laços às estruturas tradicionais das suas sociedades. Tal leva à conceptualização da "civilização" como conceito científico das RI.

As civilizações na estruturação das RI do século XXI são amplas áreas espaciais, que sob a influência da modernização e tendo por base as tecnologias ocidentais aumentaram o seu poderio e o seu potencial intelectual, mas em vez de aceitarem por inteiro o sistema de valores ocidental preservaram a sua orgânica e os laços às suas culturas, religiões e complexidades sociais tradicionais, que por vezes conflituem com as ocidentais ou lhes são contrárias. O colapso do campo socialista serviu apenas para catalisar estes processos e expor o estado das coisas. Em vez de uma oposição simétrica entre Leste-Ocidente emerge um campo de pressão entre as várias civilizações. Essas civilizações, actualmente a mais das vezes separadas por fronteiras nacionais, no decurso da globalização e da integração irão tornar-se cada vez mais cientes da sua intercomunidade e irão agir no campo das relações internacionais, guiadas por valores e interesses comuns, que originem nesses valores. Como resultado do progresso desses processos e no caso do sucesso da "modernização sem a ocidentalização" obtemos um cenário completamente diferente do balanço de poderes à escala global. Tratando-se, nomeadamente, do *mundo multipolar*.

Pólos do mundo multipolar/nomenclatura das civilizações

Huntington delineia as seguintes civilizações:

Indisputadas:
- Ocidental
- Ortodoxa (eurásica)
- Islâmica
- Hindu
- Chinesa (confucionista)
- Japonesa

Potenciais:
- Latino-americana
- Budista
- Africana

Nomeadamente aquelas que em determinada época histórica estão destinadas a tornar-se em pólos do mundo multipolar.

A mais óbvia e tendo pretensões mais frequentes quanto à sua singularidade e universalidade é a civilização ocidental[131]. Origina no mundo greco-romano e forma-se, finalmente, na Idade Média e na metade ocidental da Ecúmena Cristã. Hoje consiste em dois centros estratégicos nos dois lados do Atlântico: a América do Norte (principalmente os EUA) e a Europa Ocidental. Foram nestas zonas que se formou a modernidade, bem como a axiomática civilizacional. Aqui se encontra o pólo óbvio e inegável da actual ordem mundial. Huntington define-o com o termo "Ocidente".

Mas no cenário do pluralismo de civilizações encontramos a seguinte peculiaridade: o Ocidente como civilização (*uma das poucas*) é um fenómeno local, entre uma variedade de outras civilizações com uma história muito mais ampla, raízes históricas mais profundas e detendo agora um potencial estratégico, económico, político e demográfico. O Ocidente é um "grande espaço" entre "grandes espaços"[132]. A civilização ocidental é a principal mas "*todas as outras*", somando as suas capacidades, em determinada altura podem desafiá-la e questionar a sua hegemonia. O próprio Huntington, claro está, não o deseja, mas trata-se de uma análise realista da situação, sugerindo que já que vai acontecer seja como for os líderes da civilização ocidental deviam ponderar seriamente confrontar o alarmante e arriscado futuro, no qual a probabilidade de uma colisão com "o resto" só irá aumentar na mesma medida que aumentar também o poder das outras civilizações.

A civilização *ortodoxa* (eurásica) tem também uma origem mediterrânica, mas constitui-se na base da tradição cristã oriental, continuando a geopolítica do Império Bizantino. Há mais de mil anos que as diferenças entre o cristianismo ocidental e o oriental tomam formas críticas, e estas duas partes da Ecúmena Cristã seguem as suas diferentes, e por vezes até antagonistas, vias históricas. O centro da civilização ortodoxa (eurásica) é a Rússia, alvo desde o século XV de um duplo legado histórico e geopolítico – tanto do Império Bizantino conquistado pelos otomanos como pela colapsada Horda Dourada, tornando-se na síntese entre as culturas do cristianismo oriental e as das estepes (turanianas)[133].

131Eisenstadt S.N.; "The Civilizational Dimension of Modernity: Modernity as a Distinct Civilization" in *International Sociology*, 16(3) 2001. C. 320-340.

132Schmitt Carl. Völkerrechtliche Grossraumordnung mit Interventionsverbot für Raumfremde Mächte- Ein Bitrag zum Reichsbegriff im Völkerrecht. Berlin: Duncker & Humblot, 1991.

133Основы евразийства. М. Арктогея-Центр, 2002.

Toda a história das relações entre a Rússia e a Europa ocidental se resumem a um conflito acerca de uma fractura civilizacional, delineada entre a cristandade ortodoxa e a ocidental (o catolicismo e o protestantismo). Mais tarde (na época de Pedro, o Grande), este confronto toma o carácter dos interesses nacionais e, ainda mais tarde (no século XX) entre o mundo capitalista e o mundo socialista. E embora esta última versão pertença já ao passado, a identidade civilizacional da Rússia e das restantes sociedades cristãs ortodoxas (histórica e culturalmente) predetermina uma diferença significativa da dos critérios ocidentais, que rapidamente se transforma num conflito de interesses e, sob determinadas circunstâncias, numa probabilidade de colisão. A civilização ortodoxa (eurásica), centrada na Rússia, tem boas razões quanto à pretensão a ser um dos pólos do mundo multipolar. Actualmente, a Rússia mal tem capacidade suficiente para se opor por si só ao Ocidente, sendo impossível o regresso do sistema bipolar. Mas no contexto do multipolarismo, esta civilização bem pode tornar-se na mais importante de todas em determinadas situações, sendo o factor *decisivo* no balanço global do poder. Isto torna-se mais notável desde 2000, quando Moscovo começou a fortalecer, gradualmente, as suas posições na arena internacional, acabando com o caos dos anos 90.

A civilização islâmica é outra *potência mundial*. Actualmente, os muçulmanos encontram-se divididos pelas fronteiras dos Estados nacionais, mas há pontos nos quais os representantes da civilização islâmica se encontram solidários uns com os outros para lá das fronteiras nacionais. Com a modernização das sociedades islâmicas e o fortalecimento do seu potencial económico, político, estratégico e militar, a elite muçulmana e os círculos intelectuais tornam-se cada vez mais cientes das diferenças entre o sistema de valores do mundo islâmico e o da civilização ocidental, dando origem a um crescente sentimento anti-ocidental. O ataque dos grupos terroristas da "al-Qaeda" às torres do World Trade Center a 11 de Setembro de 2001 demonstra a extensão a que a amargura deste conflito pode chegar. Graças a vários parâmetros, a civilização islâmica pode bem reclamar-se como pólo independente do mundo multipolar.

Não menos óbvias são as características culturais dos chineses (confucianos). A sociedade chinesa encontra-se unificada não tanto em termos religiosos nem étnicos ou culturais, mas graças à semelhança da sua atitude social bem como a muitas outras características éticas, espirituais, filosóficas e psicológicas. Os chineses encontram-se plenamente cientes da sua identidade civilizacional e conseguem permanecer fieis ao seu tipo cultural mesmo vivendo noutros ambientes culturais, nas sociedades não-chinesas. Dominando com eficácia as tecnologias ocidentais, os chineses retêm a sua identidade cultural quase intocada. O individualismo ocidental, hedonismo, racionalismo, etc., não penetrou em profundidade na sociedade chinesa. A manutenção do governo comunista na República Popular da China realça meramente a excepcionalidade da via chinesa. A impressionante demografia da população chinesa e os seus amplos recursos económicos e políticos, os inigualáveis feitos da economia chinesa há muito transformaram a China num concorrente económico sério quanto aos países ocidentais.

Com um potencial não inferior à China, encontra-se a Índia. Não se trata, obviamente, de um mero Estado-nação, mas de uma civilização com uma história multimilenária e uma atitude valorizadamente filosófica, essencialmente diferente das normas do Ocidente moderno. A modernização na Índia comportou determinadas alterações na estrutura social do país, mas à medida que cresce o seu desenvolvimento tecnológico, cresce também a consciência indiana quanto à sua própria identidade civilizacional (hindutva)[134]. A civilização indiana não é agressiva e é de natureza contemplativa, sendo extremamente conservadora e estável e no que toca aos códigos civilizacionais alternativos (Islão, ocidentalização, etc.) consegue implementar uma certa rigidez. O crescimento económico da Índia nos anos mais recentes também a torna num candidato substancial a pólo do mundo multipolar. A Índia tem a sua própria estratégia, aplicável a um número indeterminado de áreas cruciais do subcontinente em seu redor e determinados sectores do Oceano Índico e das ilhas que nele se encontram.

A civilização japonesa, pese embora o facto de que de todos os países não-ocidentais o Japão, após a Segunda Guerra Mundial, seja aquele mais profundamente integrado no "Ocidente global", representa um fenómeno único com uma tradição cultural distinta. O enorme potencial económico nipónico e a especificidade da psicologia social japonesa ainda no início dos anos 90 deu origem a que um número considerável de analistas americanos pensassem na possibilidade de um possível choque entre o Ocidente e o Japão[135]. Nas últimas duas décadas, o crescimento económico japonês abrandou de modo considerável, bem como as suas ambições políticas regionais e

---

[134]Savarkar Vinayak Damodar; *Hindutva*, Delhi: Bharati Sahitya Sadan, 1989.
[135]Friedman George, LeBard Meredith; *The Coming War With Japan*, Nova Iorque: St. Martin's. Press, 1991.

globais. Mas, seja como for, dada a experiência do seu passado histórico e o enorme potencial da sociedade japonesa, não podemos excluir a possibilidade de, em determinada altura, o Japão, bem como a China, se tornar numa das principais potências civilizacionais – pelo menos na região do Pacífico. Já assim é, contudo representando os interesses estratégicos dos EUA até na questão do equilíbrio do poder da China. Dadas as condições do multipolarismo, pode bem alterar-se esta função "pró-ocidental" do Japão.

A civilização latino-americana é a área pós-colonial, politicamente organizada pelos europeus. Os laços históricos com as culturas católicas e conservadoras de Portugal e Espanha, bem como a relevante percentagem da cultura autóctone, da população indígena, que se preservou tornaram-se na razão pela qual a cultura da América do Sul é tão diferente da América do Norte (na qual as influências do protestantismo anglo-saxão e as tribos índias locais foram dizimadas quase por completo). As diferenças religiosas, culturais, etnosociológicas e psicológicas dos latino-americanos podem ser o pré-requisito para a população da América do Sul reconhecer a sua identidade histórica e tornar-se num pólo independente – com a sua própria agenda e interesses estratégicos.

Nesta direcção, a vários níveis, começam a mover-se actualmente vários países latino-americanos – da Venezuela de Hugo Chávez à Bolívia de Evo Morales, passando pelo Brasil – que deram um salto em frente nos últimos anos. Juntos, os países da América Latina têm recursos demográficos e económicos de monta bem como potencial político, e podem bem tornar-se, sob determinadas circunstâncias, num dos pólos do mundo multipolar.

Outras civilizações podem ser consideradas como candidatos remotos ao estatuto de pólos do mundo multipolar.

A civilização africana, como espaço a ser integrado num pólo independente do mundo multipolar, só existe na forma de um projecto teórico. Os povos da África subsaariana encontram-se extremamente dispersos e alinhavados na forma de Estados-nação tendo por base critérios meramente coloniais. Não possuem uma identidade cultural *comum* nem um sistema civilizacional. Teoricamente, tendo por base as suas características raciais, espaciais, económicas, geopolíticas e sociológicas em determinada altura os povos de África compreenderão (ou, antes, construirão) a sua união. Tais projectos já existem – por exemplo os Estados Unidos de África (Kwame Nkrumah, Abdoulaye Wade, Muhamar Khadafi), a Organização para a União Africana, a Comunidade Económica Pan-Africana, etc. A complexidade da população e do território tornam a mera construção teórica em algo bastante impressionante (ocupando a terceira posição a nível demográfico e a primeira quanto a espaço ocupado a nível mundial).

Mas até que esta zona se torne num pólo independente passará, provavelmente, muito tempo.

A civilização budista também nos parece vaga e difusa. Inclui vários países, que diferem em várias características culturais e sociais das vizinhas civilizações islâmica e hindu. O budismo é predominante na China e no Japão, contudo esses países são por si só pólos independentes. Assim sendo, a consolidação do espaço budista, claramente distinto das influências chinesas e japonesas, dificilmente ocorrerá no futuro mais próximo. A "civilização budista" pode ser considerada a zona de reserva da região do Pacífico.

Esta simples lista civilizacional, e o seu enquadramento, embora ainda muito ligeiro, permitem dar à TMM um carácter mais concreto. Obtemos assim uma estruturação diferenciada para o provável mapa do mundo multipolar.

Neste encontramos:

- *A civilização ocidental*, que anseia actualmente ao universalismo e à hegemonia mas que, na verdade, representa uma só civilização entre muitas outras e, como tal, a sua hegemonia e o seu universalismo possuem delimitações estreitamente definidas e um conteúdo historicamente específico (delimitações essas, tanto temporais quanto espaciais, que podem mudar de rumo para qualquer direcção – dependendo somente do equilíbrio inter-civilizacional);
- *A civilização ortodoxa (eurásica)*, cujas fronteiras incluem parte da Comunidade dos Estados Independentes e da Europa de Leste e do Sul (esta área em numerosas ocasiões históricas agiu como principal ou, pelo menos, sólido concorrente à civilização ocidental – isto até ao dualismo mais recente e directo Leste-Oeste do mundo bipolar);
- *A civilização islâmica*, que espacialmente inclui o Norte de África, a Ásia Central e alguns países do Pacífico (nos quais se concentra um enorme potencial demográfico e uma boa quantidade de recursos essenciais de grande importância, nomeadamente os energéticos);
- *A civilização chinesa*, que inclui não só Taiwan mas também uma extensa área da região do Pacífico, sujeita à influência chinesa (e que tem todas as razões para se tornar ainda mais extensa, tendo em conta o crescimento da demografia e da economia chinesa);
- *A civilização hindu*, que além da Índia inclui o Nepal e a Mauritânia, em África, na qual 50% da população professa o hinduísmo;

- *A civilização latino-americana*, unificada pela ligação entre as sociedades hispânica e portuguesa da Europa, a religião católica e a relativa semelhança de misturas das culturas europeia, indiana e africana (que inclui tanto a América do Sul como a América Central até ao norte do México);
- *A civilização japonesa*, que actualmente se encontra no limiar da morte, mas que historicamente teve (com base na perspectiva do potencial de poder) a pretensão de se estabelecer por toda a região do Pacífico "a ordem japonesa".

Os contornos destas civilizações são nitidamente distinguíveis em qualquer mapa e *por intermédio* de uma variedade de pontos importantes demonstram que as fronteiras dos Estados-nação esmagam os espaços civilizacionais que lhes correspondem.

Os contornos de duas outras potenciais civilizações não são tão facilmente distinguíveis. As civilizações africana e budista são prováveis realidades futuras, como pólos integrantes do mundo multipolar.

Contido, estamos a lidar com o esboço de uma ordem mundial radicalmente diferente daquela que tem sido teorizada pela vasta maioria dos paradigmas das RI – sejam as positivistas e clássicas bem como as pós-modernistas. Este esquema dos centros civilizacionais num sistema multipolar é *a esquematização de um futuro tão possível quanto provável*. Nesse futuro o número de intervenientes na política mundial será consideravelmente superior a um ou dois, mas será inferior ao número dos actuais Estados-nação.

Cada uma das civilizações irá representar um pólo de poder e o centro da hegemonia local, excedendo a capacidade de todas as suas componentes (acerca dessa civilização em particular), mas não detendo poder suficiente para impor a sua vontade às civilizações vizinhas.

A ordem multipolar irá reconstituir-se noutro patamar do sistema westphaliano, com a sua soberania, equilíbrio de poder, caos no panorama internacional, possibilidades de conflito e potencial de discurso apaziguador. Com o único senão fundamental de que os intervenientes serão *não os Estados-nação*, copiados das potências capitalistas europeias da era moderna, mas *as civilizações*, possuindo estas uma estruturação interna completamente diferente, correspondendo às tradições históricas e aos códigos culturais.

Tal mundo seria verdadeiramente *policêntrico*, uma vez que a igualdade das civilizações ao nível da ordem internacional não assumiria a identidade do seu sistema político interno. Cada uma das civilizações irá, assim, deter o direito de organizar a sua sociedade de acordo com as suas preferências, sistema de valores e experiência histórica. Nalgumas delas a religião irá ocupar um lugar de destaque, noutras bem podem primar os princípios seculares. Nalgumas haverá democracia, noutras formas completamente diferentes de governo, associadas às suas experiências históricas e especifidades culturais ou eleitas como as mais adequadas pela própria sociedade, num projecto construtor. Em oposição ao sistema westphaliano, neste modelo de ordem mundial não existirá um modelo planetário de hegemonia universalista nem um padrão que seja obrigatório para todos. Cada civilização poderá aprovar os vários sistemas de valores característicos da sua civilização - inclusive as noções de sujeito, objecto, tempo, espaço, política, homem, sabedoria, propósito e significado histórico, direitos e responsabilidades, normas sociais, etc. Cada civilização possui a sua própria filosofia e as civilizações não-ocidentais, naturalmente, irão fiar-se nos seus próprios sistemas filosóficos - restaurando-os, aperfeiçoando-os, transformando-os ou até alterando-os para algo completamente novo, mas tudo de acordo com os termos de liberdade extraordinária dependentes da sua própria sociedade.

As civilizações como construções

Aqui deparamo-nos com uma questão crucial. Muitos críticos de Huntington têm apresentado contra-argumentos, questionando a própria existência de civilizações no mundo moderno ou realçando que a globalização, a ocidentalização e a modernização, a curto prazo, irão nivelar todas as diferenças culturais e civilizacionais[136]. Coloca-se, então, a questão ontológica do conceito de civilização de modo acutilante e urgente.

O facto de uma civilização existir graças a antecedentes culturais e morais (por vezes religiosos), que unem um amplos segmentos da sociedade, é um facto empírico tanto da História como da Sociologia. Mas, nas actuais circunstâncias, será suficiente que esta unidade se

---

[136]Fox J.; "Paradigm Lost: Huntington's Unfulfilled Clash of Civilizations Prediction into the 21st Century" in *International Politics*, 42, 2005. pp. 428–457.; Henderson E. A., Tucker, R.; "Clear and Present Strangers: The Clash of Civilizations and International Conflict" in *International Studies Quarterly*, 45. 2001; Russett B. M., Oneal J. R., Cox M.; "Clash of Civilizations, or Realism and Liberalism Déjà Vu? Some Evidence" in *Journal of Peace Research* 37. 2000; Said Edward; "The Clash of Ignorance" in *The Nation*, Outubro de 2001.

torne claramente apreendida e mobilizada, transformada num ideal político em potencial, que possa transformar as civilizações nos principais intervenientes no sistema das relações internacionais?

Huntington apresenta-nos vários dados empíricos[137], insistindo que tal ontologia existe e que nas actuais circunstâncias as identidades civilizacionais irão ocupar um lugar de destaque na aplicação prática dos vários processos decorrentes do fim do mundo bipolar e do aumento de dificuldades com que os EUA se irão debater com o aumento da influência do momento unipolar graças à globalização que, aliada ao universalismo de certos códigos e procedimentos, acabará por promover o reavivamento das identidades locais e religiosas (R. Robertson e a sua "globalização")[138]. Mas é discutível: os defensores da abordagem civilizacional insistem na civilização como conceito ontológico, enraizado no campo das relações internacionais, enquanto que os seus detractores insistem que tal ontologia é duvidosa ou irreal[139]. Dado o próprio Huntington se alinhar pelo Ocidente e ser parte integrante da sua elite intelectual, a sua reflexão acerca da relevância das civilizações chega-nos da perspectiva ocidental, e Huntington vislumbra uma ameaça na mera existência de outras civilizações, exceptuando o Ocidente, ameaça cada vez maior à medida que estas se forem tornando cada vez mais fortes, tornando-se em pólos independentes do mundo multipolar. Este acredita que a ameaça é real e ontologicamente fundamentada. Daí ser tido na conta de pessimista quanto à globalização. Contudo, para este, o conceito ontológico de civilização é uma constatação da seriedade e da realidade do potencial inimigo.[140]

Contudo, é possível abordar a questão de outro modo, para lá da abordagem realista, à qual Huntington se mantém fiel em muitos pontos, tendo por base o método construtivista e, de modo mais geral, as teorias pós-positivistas das RI.

Para a TMM é irrelevante, existam ou não civilizações como intervenientes ou pólos do mundo multipolar, seja a sua existência provada e relevante ou um obstáculo fraco e turbulento na via da unipolaridade ou da globalização ocidento-cêntrica. As civilizações

---

[137]Huntington Samuel P. (ed.); "The Clash of Civilizations?: The Debate" in *Foreign Affairs*, Nova Iorque, 1996.

[138]Robertson R.; *Globalization: Social Theory and Global Culture*, Londres: Sage, 1992.

[139]Harris Lee; *Civilization and Its Enemies: The Next Stage of History*, Nova Iorque, The Free Press, 2004.

[140]Daí a acusação que Edward Said lhe dirige. Said Edward; *The Clash of Ignorance*, Op. cit.

como intervenientes nas relações internacionais não é um regresso à pré-modernidade, na qual figuravam os Estados e os Impérios tradicionais. As civilizações como intervenientes nas relações internacionais é algo *completamente inovador*, que nunca foi feito, é uma espécie de *realidade do pós-modernismo*, concebida para substituir o potencial exaurido da ordem mundial, inspirando-se no sistema westphaliano mas na *pós-modernidade, alternativa* ao Império Americano unipolar bem como à globalização apolar.

Ou seja, em certa medida a civilização deve ser considerada como uma *construção*, um discurso específico, um texto que, contudo, detém uma estruturação radicalmente diferente da do discurso ocidento-cêntrico homogéneo e "monótono". A civilização encarna a realidade das diferenças qualitativas das relações internacionais, pois a humanidade não foi concebida como mera reprodução de um mesmo tipo de série (o pressuposto da sociedade civil ou da ideologia dos direitos humanos) mas como um conjunto de mônadas de múltiplas possibilidades (de acordo com Leibniz), organizando-se em vários universos paralelos culturais e semânticos[141]. Tais universos convergem num *choque* (semelhante ao de Huntington) mas não necessariamente *só* neste. Do mesmo modo é possível um *diálogo de civilizações*[142], como insistia o anterior presidente do Irão, Mohammad Khatami[143]. A forma da interacção entre as civilizações intervenientes no sistema multipolar pode ser *quer* conflituosa *quer* pacífica, na mesma medida como actualmente se constroem as relações entre os Estados-nação no sistema westphaliano. Mas se o Estado-nação e a soberania nacional não passam de construções da era moderna, então pode bem ser que a civilização se torne *na construção da pós-modernidade*, exprimindo uma *pluralidade radical de discursos que não se cingem a um denominador comum. As civilizações são algo que é necessário criar*. Contudo, tal processo criador não subentende um modelo completamente artificial, alheio à realidade. As bases culturais, históricas, mentais e psicológicas de determinada civilização existem, são empiricamente detectáveis[144]. Mas a transição da civilização como

---

[141]Делёз Ж. Складка. Лейбниц и барокко. М.: Издательство Логос , 1997.

[142]Michael M.S., Petito F. (eds.); *Civilizational Dialogue and World Order: The Other Politics of Cultures, Religions, and Civilizations in International Relations*, Palgrave-Macmillan, 2009.

[143]Khatami Mohammad; *Dialogue among civilizations: a paradigm for peace*, NI:Theo Bekker, Joelien Pretorius, 2001; Köchler, Hans (ed.); *Civilizations: Conflict or Dialogue?*, Viena: International Progress Organization, 1999.

[144]Harrison Lawrence E., Samuel P. Huntington (eds.); *Culture Matters: How Values Shape Human Progress*, Nova Iorque: Basic Books, 2001.

fenómeno cultural e sociológico para a de interveniente no mundo multipolar requer *esforço*. É uma tarefa que pode, e deve, ser implementada em determinada instância histórica.

E que instância é essa? Pode ser condicionalmente e aproximadamente definida como *a elite intelectual, ideológica e política "do resto"*, tal complexidade cabe aos estadistas, intelectuais, aos representantes dos grandes monopólios e às estruturas religiosas, bem como às principais forças políticas desses países que, por uma razão ou outra, discordam do unipolarismo da globalização ocidento-cêntrica e defendem uma "modernização sem uma ocidentalização", vislumbrando o futuro das suas sociedades somente como parte de uma ordem mundial alternativa à actual.

O próprio Huntington, repetindo Toynbee, classifica "o Ocidente e o resto" como antagonistas civilizacionais[145]. Gradualmente, este vago "resto" torna-se visível e o seu programa histórico toma forma na elaboração da TMM.

É a elite intelectual do mundo não-ocidental que está destinada a *construir o multipolarismo*, transformando a "civilização" num conceito eficaz e pleno de significado.

Limites civilizacionais

Questão importante é definir agora os *limites das civilizações* e, desse modo, determinar os prováveis modelos das relações entre estas. Aqui existem várias opções, mas poucas são intencionalmente óbvias.

As fronteiras das civilizações não podem, nem são, *fixas*, como sucede com as fronteiras nacionais que separam os Estados-nação. As civilizações encontram-se separadas espacialmente em amplas *faixas*, nas quais existe uma identidade civilizacional mista. Para além disto, dentro de uma mesma civilização podem existir amplos enclaves ou vestígios de outras civilizações. As civilizações encaram o espaço de modo radicalmente diferente daquele que os Estados-nação tratam o seu território. O grau administrativo refere-se não tanto ao espaço mas às sociedades, comunidades e agrupamentos populacionais. Os critérios territoriais não são tão claros quanto na determinação da filiação de determinado território nacional.

---

145 S. N. Trubetskoy no mesmo espírito contrastou os conceitos antagonistas de "Europa" e "Humanidade". Трубецкой Н. С. Европа и человечество/ Трубецкой Н. С. Наследие Чингисхана. М.: Аграф, 2001.

As fronteiras entre as civilizações *têm um estatuto qualitativamente diferente* daquele dos Estados-nação[146]. Na fronteira entre as civilizações podem encontrar-se mundos autónomos, únicos e distintos, compostos por estruturas sociais e culturais muito específicas. Torna-se necessária a elaboração de um modelo específico que tenha em conta as particularidades dessas civilizações, que se atropelam, a sua proporção, o seu conteúdo qualitativo e quão cientes estão da sua própria identidade. Nalgumas escolas de Direito distinguem-se os conceitos de "delimitação" (no seu sentido mais estreito, de linha que separa o território de um país do de outro) do de "fronteira" (área menos concreta que se encontra entre dois espaços). No primeiro caso, trata-se exactamente de uma linha sem profundidade enquanto no segundo se trata de uma zona, de uma faixa, algo com profundidade. Neste contexto, uma civilização encontra-se separada da outra por uma "fronteira", uma zona inter-civilizacional que pode ser tão extensa quanto vaga, mas sempre específica e distinta dos espaços socioculturais existentes dos dois lados da "fronteira"[147].

O mundo multipolar na prática: integração

Tendo determinado o estatuto ontológico do conceito de "civilização", torna-se clara a via para o principal vector prático para a elaboração do mundo multipolar. Estamos a falar de *integração.*

A integração torna-se no eixo da ordem do mundo multipolar. Mas esta integração na TMM deve inserir-se claramente num ambiente civilizacional. Assim sendo, torna-se necessário distinguir os vários tipos de integração:

- *Global*, que desconsidera as características civilizacionais e deriva do protocolo universalista, cuja base advém do sistema das normas, procedimentos e valores ocidentais;
- *Hegemónico*, dando origem à criação de uma relação desmesuradamente hierárquica entre aqueles sujeitos à integração sem ter em conta as suas particularidades culturais;
- *Civilizacional*, inclui somente aqueles países e sociedades que partilhem uma dimensão cultural semelhante bem como o mesmo sistema sociopolítico e raízes históricas (e religiosas).

---

[146]Shapiro M. J., Hayward R. Alker (eds.); *Challenging Boundaries: Global Flows, Territorial Identities*, Minneapolis, MN: University of Minnesota Press, 1996.

[147]Ashley R.; *Living on Border Lines: Man, Poststructuralism and War/* Derian Der, Shapiro M.J. (eds.); *International/Intertextual Relations: Postmodern Readings of World Politics* Lexington, MA: Lexington Books, 1989.

A TMM insiste no repúdio dos dois primeiros tipos de integração e na promoção e activa defesa do terceiro tipo.

Obtemos assim um conjunto específico das várias áreas de integração, embora nem todas equivalentes do ponto de vista dos seus conteúdos civilizacionais:

- *Integração ocidental* (europeia e americana) ou euro-atlântica (aqui estamos bem – há o bloco político e militar da OTAN, a União Europeia e vários projectos que incluem a integração de todo o continente da América do Norte – inclusive a criação de uma moeda norte-americana: o "amero");
- *Integração eurásica* (orientando-se pela União Eurásica, os seus estágios são a intensificação da cooperação militar e estratégica no seio da Organização do Tratado de Segurança Colectiva, uma parceria económica no seio da Comunidade Económica Eurásica, o Estado unido da Rússia-Bielorrússia, o projecto de um Espaço Económico Comum, incluindo a Ucrânia e, em parte, da Comunidade de Estados Independentes);
- *Integração islâmica* (a Conferência Islâmica, o Banco de Fomento Islâmico, a área xiita que inclui o Irão, o Iraque e o Líbano bem como os projectos fundamentalistas para o "novo califado");
- *Integração chinesa* (a Associação das Nações do Sudeste Asiático + a China, a provável invasão de Taiwan pela China, o surgimento da zona do "yuan dourado");
- *Integração indiana* (fortalecimento da influência indiana no Sudeste Asiático, no subcontinente Índico, no Nepal e em alguns países do Pacífico, geopoliticamente e culturalmente próximos da Índia);
- *Integração japonesa* (ainda em aberto, inclui o crescimento da influência japonesa no Extremo Oriente);
- *Integração latino-americana* (Associação Latino-Americana para a Integração, Mercosul, o Mercado Comum Centro-Americano, etc.);
- *Integração africana* (Organização da União Africana, Estados Unidos de África, etc.).

A integração é um processo primordial para a organização da ordem multipolar nas relações internacionais.

Conceito prévio: as civilizações e os "grandes espaços"

No decurso da construção do mundo multipolar, em determinada altura iremos debater-nos com a questão da transição do conceito de civilização do campo sociocultural para o do *conceito legal*. Aqui torna-se extremamente importante o conceito de "grande espaço" (Grossraum), desenvolvido pelo jurista e filósofo alemão Carl Schmitt[148]. A importância das ideias de Carl Schmitt para todo a área das relações internacionais já foi convincentemente demonstrado[149]. Carl Schmitt ponderou acerca da constituição das normas internacionais que eventualmente acabam por obter o estatuto de leis universalmente reconhecidas. Interessava-se particularmente pela emergência de fenómenos como o Jus Publicum Europeum, que delineou as bases do sistema europeu das RI na era moderna. Schmitt cinge-se geralmente aos postulados do realismo e, como tal, para este a questão é o *processo* de correlação entre a soberania do Estado-nação (a máxima autoridade, por definição) e as regras do campo das relações internacionais pelas quais se devem reger os Estados-nação. Normalmente a presença de uma ordem institucional sobre a anarquia das relações internacionais é reconhecida pelos liberais, por vezes apodados de "institucionalistas". No caso de Carl Schmitt estamos a lidar com um devoto realista, contudo um que presta uma extrema atenção à estruturação da área das relações internacionais. Aqui surge a característica paradoxal da sua abordagem: o "realismo institucionalista"[150].

O caos e a anarquia nas relações internacionais são a premissa basilar do realismo nas RI, de acordo com Schmitt estes regulam-se não só pelo apelo da comunidade dos valores liberal-democratas, pela concorrência comercial e pelo pacifismo, mas principalmente pela especificidade do equilíbrio de poderes em correlação com uma situação geográfica em concreto. Prestando uma maior atenção à geopolítica, Schmitt insiste na fixação de normas legais quanto ao

---

[148]Schmitt Carl; *Völkerrechtliche Grossraumordnung mit Interventionsverbot für Raumfremde Mächte- Ein Bitrag zum Reichsbegriff im Völkerrecht*, Berlin: Duncker & Humblot, 1991.

[149]Petito F., Odysseos L.; *The International Political Thought of Carl Schmitt: Terror, liberal war and the crisis of global order*, Londres e Nova Iorque: Routledge, 2007; Petito F., Odysseos L. (2006); "Introducing the International Theory of Carl Schmitt: International Law, International Relations, and the Present Global Predicament(s)" in *Leiden Journal of International Law*, vol. 19 no. 1. 2006.

[150]Petito F., Odysseos L.; *The International Political Thought of Carl Schmitt: Terror, liberal war and the crisis of global order*, Op. cit.

espaço geográfico[151]. Consequentemente, todo o campo das RI se correlaciona com o mapa físico e político. O caos nas RI adquire as características espaciais e a estruturação das linhas de influência do equilíbrio entre as várias potências.

Uma vez que o sistema westphaliano recusa formalmente o reconhecimento de qualquer realidade legal e legítima, que transcenda a soberania nacional, a normatização espacial da esfera das relações internacionais não consegue obter uma expressão conceptual formal. Contudo, o equilíbrio de poder por vezes é consistente e óbvio ao ponto de pela sua própria natureza se equiparar à lei e, deste modo, assenta na lei da solidificação. Tal sucedeu com a "Doutrina Monroe", a lei do mar inglesa, a "Doutrina Wilson" ou os termos do Tratado de Versalhes: as potências dominantes do mundo identificaram os seus interesses nacionais (assegurados pelo recurso à força) como norma do estado das coisas, embora os processos decorressem fora do âmbito das suas fronteiras e a uma ampla distância destas[152].

Schmitt analisa em pormenor o processo de sofisticação desse feito, que acabou por resultar no surgimento de estruturas legais supra-nacionais detendo vários graus de obrigatoriedade e que, em boa parte, entram em conflito conceptual com o sistema westphaliano normalmente aceite como norma para as soberanias nacionais. Para levar a cabo esta análise, Schmitt emprega o termo técnico do "conceito prévio" como uma espécie de *ideia política* de escala supra-nacional embora ainda não se encontrando entronizado na forma de lei mas podendo obter estatuto legal sob determinadas circunstâncias, bem como num equilíbrio de poderes muito específico.

Mais, Schmitt relaciona o "conceito prévio" (a "Doutrina Monroe" ou o "Reich Alemão") às fronteiras espaciais às quais este se pode aplicar. Consequentemente nasce uma nova forma: "o grande espaço" (Grossraum), uma das componentes mais relevantes da teoria política de Carl Schmitt.

O "grande espaço" é a expressão espacial do conceito prévio nas RI.

Caso o apliquemos no nosso conceito de "civilização", iremos perceber que assenta que nem uma luva na TMM. O multipolarismo, tal como o bipolarismo e o unipolarismo, não é um conceito legal e pode bem não o ser no futuro mais próximo, ou até mesmo nunca. Trata-se da descrição do real equilíbrio de poder entre os principais actores a nível mundial. Consequentemente, tanto a "civilização" como

---

151См. Дугин А. Геополитика. М.: Академический проект, 2011; Он же. Четвертая политическая теория. СПб: Амфора, 2007.

152Veja a terceira parte desta obra.

a "ordem multipolar" possuem o estatuto legal de conceitos prévios: existem, e podem ser impostos pela força do poder e dos recursos, podem ser declarados, podem ser funcionais e reais. Em determinadas circunstâncias podem até substituir o modelo westphaliano, seria então lógico colocar-se a questão da rejeição formal da soberania nacional, transferindo tal conceito para uma instância diferente - a própria *civilização* ou pólo do mundo multipolar. Neste caso o conceito prévio acabará pura e simplesmente por se tornar num conceito e numa noção legal.

Mas os eventos bem podem seguir outra lógica e, nesse caso, a civilização e o multipolarismo permanecerão como conceitos prévios por tempo indefinido (tal como a bipolaridade não fez desaparecer a soberania nacional, embora a tenha transformado em algo relativo para todos aqueles países sem estatuto de super-potência).

Quando tentamos delinear as fronteiras das civilizações, deparamo-nos directamente com o "grande espaço", conceito extremamente conveniente dado o seu estatuto de conceito prévio para a fixação da localização espacial de determinada civilização.

O mundo multipolar, tendo por base o equilíbrio de poder das civilizações que o constituem, pode ser apodado, empregando o termo de Schmitt, de *"ordem dos grandes espaços"*[153].

A relevância do realismo na TMM

A civilização como principal interveniente nas RI e na TMM, elaborado sob essa premissa, após termos identificado a originalidade e a diferença desta abordagem quando comparada às existentes pode, noutro patamar, correlacionar-se com as teorias já existentes - não como uma derivação destas, mas como um novo *paradigma independente* contendo outros paradigmas. Tal comparação irá auxiliar-nos na descrição da especificidade da TMM e a sua estruturação, bem como a explorar o ponto mais importante: desvendar como esta pode, teoricamente, talhar as relações entre as civilizações e saber se prevalecerá o conflito (como pensava Huntington) ou o diálogo (como acreditam M. Khatami e F. Petito)[154].

O paradigma realista, que opera segundo as normas do sistema westphaliano, destacando como actores os Estados-nação, é inaplicável à TMM. A diferença sendo que os intervenientes predeterminam uma

---

[153]Schmitt Carl; *Völkerrechtliche Grossraumordnung mit Interventionsverbot für Raumfremde Mächte- Ein Bitrag zum Reichsbegriff im Völkerrecht*, Op. cit.

[154]Petitio F.; "Dialogue of Civilizations as Global Political Discourse: Some Theoretical Reflections" in *The Bulletin of the World Public Forum 'Dialogue of Civilizations'*. vol. 1 no. 2, 21-29. 2004.

compreensão completamente diferente do ambiente das relações internacionais. Caso aceitemos, de modo literal, o paradigma realista veríamos que em vez de mapas civilizacionais e de "grandes espaços" nos depararíamos com um mapa político do mundo no qual as civilizações se encontram divididas (por vezes de modo artificial) numa série de Estados-nação, representando alguns Estados um cruzamento ou uma sobreposição de duas ou mais civilizações. O realismo defende que "cada Estado é o lobo de outro Estado" ou, na pior das hipóteses, reconhece as relações hierárquicas com a hegemonia. Mas tal abordagem bloqueia qualquer tentativa de integração dos "grandes espaços" tendo por base a sua civilização. Consequentemente, o realismo puro não é aceitável, nem aplicável. Aos apoiantes da TMM ocorre logicamente, neste caso, a polémica relação entre os defensores do realismo clássico e os do neo-realismo.

Mas se considerarmos as civilizações como principais intervenientes das relações internacionais, separadas em "grandes espaços", então obtemos uma premissa completamente diferente. Neste caso, podemos imaginar as relações *inter-civilizacionais* como uma analogia directa à estruturação do panorama internacional no paradigma realista. Aqui é também necessário postular o caos e a anarquia, mas num novo patamar – como caos *inter-civilizacional* e anarquia *inter-civilizacional*.

Fazendo eco da lógica dos realistas, podemos dizer que não existe, nem pode existir, um patamar supra-civilizacional na TMM, nem existe uma escala de valores universal que possa agir como norma generalizadamente aceite nas relações entre as civilizações. A abordagem civilizacional multipolar assuma o excepcionalismo de todas as civilizações, e considera impossível que se encontra um denominador comum a estas. É esta a essência do multipolarismo como *pluriversum*[155]. Cada civilização formula e apresenta por si mesma o seu conceito de homem, sociedade, norma, verdade, sabedoria, existência, tempo, espaço, Deus, mundo, História, política, etc., de modo que o diálogo entre as civilizações tem a mesma possibilidade que o conflito, mas é impossível a transição de múltiplas civilizações para uma só. Como tal, a este nível a TMM pode ir buscar a lógica dos realistas tradicionais, que negam a ontologia e a estabilidade das relações e das normas internacionais, mas aplicando-a a um novo panorama, já não inter-nacional (interestadual) mas inter-civilizacional).

---

[155] По поводу этого концепта см. Манифест 2001 г. французского движения GRECE (Ален де Бенуа) http://grece-fr.com/?page_id=64.

A alteração do sujeito da ordem mundial implica a alteração do seu conteúdo qualitativo. Caso os realistas acreditassem que todos os Estados tentam optimizar os seus próprios interesses e racionalizar os métodos e os mecanismos necessários para os concretizar, então tratando-se de civilizações tal esquema redutor não funcionaria. As civilizações podem ter objectivos e motivações completamente diferentes. Algumas inclinam-se para a expansão, outras à maximização do seu poder material, uma terceira ao desenvolvimento técnico, uma quarta à contemplação, uma quinta à manutenção do seu isolamento, uma sexta ao diálogo activo com o mundo exterior e ao intercâmbio cultural. Aqui não se aplica, em absoluto, a abordagem estreita das RI, pois as civilizações, no papel de sujeito, são multidimensionais e únicas, originais e específicas, tornando-se não só desejável como necessária e obrigatória a presença de uma abordagem mais densa. Modelar o perfil de uma civilização leva o seu tempo e em casa caso trata-se de uma tarefa única, a identificação das características comuns só pode ser feita a posteriori, nunca a priori. Essa é a segunda limitação do realismo. Os realistas entendem os princípios da auto-ajuda e do interesse nacional como uma generalização de parâmetros comum a quase todos os Estados-nação, enquanto que a TMM insiste que a nomenclatura das civilizações e as suas motivações são muito mais *amplas* e diversificadas. Assim sendo, o caos e anarquia no panorama inter-civilizacional tornam-se mais complexos: não se trata meramente de um campo de batalha entre intervenientes quase iguais mas detentores de um poder de fogo diferente, trata-se de um sistema semelhante de interesses e objectivos com um labirinto multidimensional e a vários patamares no qual existem regularidades *não lineares*, atracções alheias e efeitos de turbulência. Delinear a anarquia inter-civilizacional é uma tarefa muito mais complexa do que a análise da anarquia no realismo clássico, e até no neo-realismo.

Mas com estas duas premissas fundamentais é possível utilizar muitas das abordagens lógicas do realismo na construção da TMM.

Em particular, o que de mais importante de pode ir buscar ao realismo clássico é o criticismo da mera possibilidade de existência de instituições supra-civilizacionais. O neo-realismo, com a sua tendência para a construção de um sistema estrutural que tenha por base o equilíbrio de poder, pode também ser aplicado à ordem mundial multipolar, cujos parâmetros bases se organização de acordo com o potencial de poder dos principais intervenientes (que neste caso serão as civilizações). Em certo sentido, as civilizações como pólos do mundo multipolar serão *hegemonias* regionais, com todas as suas consequências. Na mesma medida, essas hegemonias devem ser mais de duas. A elaboração neo-realista, que estuda principalmente os modelos hegemónicos, pode ser extremamente útil na elaboração da TMM. Na sua periferia encontramos as teorias da estabilidade do modelo bipolar de K. Waltz, refutadas pelos factos dos anos 80 e 90 do século XX, que podem voltar a ser aplicadas na construção do modelo multipolar, que substituirá o bipolar.[156]

A relevância do liberalismo para a TMM

A TMM pode ir buscar certos aspectos ao paradigma liberal. O liberalismo defende que regimes políticos semelhantes (embora só tenham em conta as democracias liberais) tendem à integração e ao fortalecimento sociocultural, económico, das ligações em rede e, eventualmente, ingresso nas mesmas instituições supra-nacionais. A cultura da democracia política cria as condições necessárias à ultrapassagem do egoísmo nacional. Caso abandonemos o universalismo, típico do Ocidente, isto é, o apelo "etnocêntrico" à "democracia" obtemos a seguinte tese: as sociedades *que possuam culturas semelhantes* têm tendência à integração e à criação de estruturas supra-nacionais. Caso o apliquemos à generalidade das civilizações, estaremos em sintonia com a TMM. De facto, os processos de integração e de criação de estruturas supra-nacionais ocorre de modo *muito mais fácil* existindo uma base sociocultural comum. Para a civilização, mais que para o regime político estatal (a democracia), a *cultura* (*e por vezes a religião*) *conta*. Como tal, as relações entre Estados com uma cultura comum (religião) baseiam-se numa lógica completamente diferente que aquelas entre países com culturas diferentes.

Na TMM, a partilha de uma cultura é um pré-requisito para a boa integração num "grande espaço" e, de igual modo, para a criação dos pólos do mundo multipolar. A cultura não é um factor menos importante que o princípio da soberania, nisto os apologistas da TMM aproximam-se mais dos liberais que dos realistas clássicos, que insistem na soberania, em particular dos Estados-nação, sem ter em conta os factores culturais (a excepção sendo Carl Schmitt, entre outros "realistas institucionalistas" como alguns dos representantes da escola inglesa das RI). Mas esta convergência só é válida dada a substituição do "regime político" (a democracia) pela pertença a uma cultura (religião) comum.

---

[156]Waltz K.; *Theory of International Politics*, McGraw Hill. Nova Iorque: 1979.

O paradigma liberal, principalmente o neo-liberalismo e o transnacionalismo, dá particular destaque ao processo de globalização. Na prática a globalização consiste de poucos passos. Primeiro temos a globalização regional, depois a universal, planetária. Para os liberais das RI a globalização regional é um mero estado de transição e uma fase pré-planetária da globalização, sendo apenas mais um passo em direcção ao surgimento da "paz global" e do "fim da História".

A TMM, no que lhe diz respeito, apoia a globalização e a integração regional, sempre sob a premissa de que o processo se restringe sempre às fronteiras de determinada civilização. As disputas entre os países da União Europeia acerca da entrada da Turquia nessa estrutura supra-nacional demonstram claramente que mesmo os europeus (que não dão importância às identidades religiosas e culturais da sua sociedade) pressentem a diferença dos turcos.

Mas se para os neo-liberais e para os globalistas tal não passam de dificuldades temporárias, para os defensores da TMM, pelo contrário, *conceptualiza-se a integração regional* como válida por si só, como processo independente e completo, assumindo que após a sua concretização não existem quaisquer outros patamares integracionistas. Em concordância com o espírito do multipolarismo, a integração regional não é vista como um mero estágio ou fase da globalização planetária, mas como um processo histórico-político, estratégico e social autónomo, válido por si só. A integração *termina* quando atingida a fronteira natural da civilização. Depois, entramos na fase de aprimoramento das proporções e do sistema de influências nas áreas "fronteiriças".

A globalização regional aproxima os defensores da TMM dos liberais nas RI, enquanto que a globalização planetária os separa.

Mas caso aceitemos estas duas correcções fundamentais (a união cultural em vez do regime político e a globalização regional em vez da planetária) então os apoiantes da TMM bem podem ir buscar alguns argumentos à teoria liberal das RI, principalmente naqueles casos em que se torna necessário refutar as teses realistas, que aderem à abordagem de um centro estático.

Mais, os liberais desenvolveram também uma série de questões que são também relevantes para a TMM.

Antes de mais, a *ideia de paz ou de zona pacificada*, prioritária no liberalismo nas RI[157]. Se olharmos para as realidades históricas, notamos que o conceito de paz tem vindo, consecutivamente, a ser

[157]Lederach John Paul; Preparing for Peace. Syracuse: Syracuse University Press, 1996; Richmond Oliver P.; Peace in International Relations. Londres: Routledge, 2008.

associado à necessidade de uma clarificação: exactamente que tipo de paz? Conhecemos a Pax Romana, Pax Turcica, Pax Britannica, Pax Russica e, por fim, a actual Pax Americana. O emprego do termo "paz" seguido da clarificação acerca de que paz se trata, qual o seu responsável bem como pela preservação da ordem, é muito demonstrativo. Se o correlacionarmos às civilizações, obtemos a *teoria da paz multipolar* (no sentido da Pax), consistindo de várias zonas, sendo que a paz se baseia sempre em determinado princípio civilizacional. Obtemos assim:

Pax Atlantica (inclui a Pax Americana e a Pax Europea)
Pax Eurasiatica
Pax Islamica
Pax Sinica
Pax Hindica
Pax Nipponica
Pax Latina

E, de modo mais abstracto:

Pax Buddhistica
Pax Africana.

Estas áreas de paz civilizacional (entendida como ausência de guerra) e a segurança generalizada podem ser consideradas como premissas basilares do pacifismo multipolar. A tarefa das civilizações como intervenientes nas relações internacionais é, antes de mais, a de criarem áreas de paz estável, pois doutro modo não conseguirão agir de modo consolidado ao nível planetário. Aqui a paz multipolar (Pax Multipolaris) deve seguir uma ontologia específica no contexto das relações internacionais: implica ao mesmo tempo os patamares supra-nacional e supra-estatal (sendo uma paz internacional, externa aos Estados), mas não de modo "universal" e "planetário" (ou seja, é do foro interno das civilizações).

Outra questão importante para a TMM é o conceito liberal de interdependência e expansão dos intervenientes nas RI. Aqui devemos também transferir tudo aquilo que os liberais afirmam acerca da humanidade para o patamar da civilização. A civilização requer a presença de uma área económica, geopolítica e sociocultural na qual se cruzam as estruturas e as comunidades pertencentes a essa civilização.

Na TMM as redes civilizacionais substituem as redes globais, mas fora isso as suas funções são muito parecidas. Numa civilização cruzam-se diversos patamares político-sociais, económicos e culturais, dando origem a um mapa social muito mais complexo e não linear, em vez dos modelos burgueses clássicos de nação política. É uma espécie de "turbulência civilizacional" que requer uma abordagem não linear e uma descrição detalhada de cada segmento. Na civilização, a interdependência dos grupos e dos estratos sociais forma uma complexa teia de identidades múltiplas, sobrepostas, divergindo e convergindo em vários pontos. O código civilizacional generalizado (a religião, por exemplo) delineia as condições, mas dentro desses limites podem existir vários graus de variação. Parte das identidades podem ter por base a tradição, enquanto que outras podem representar construções inovadoras, dado que na TMM as civilizações são consideradas como organismos históricos vivos num processo de constante transformação.

Tal como no liberalismo, a TMM reconhece a importância individual no seio de determinada civilização, não ignorando a sua competência quando às relações internacionais - pelo menos, dentro da fronteira da sua civilização. A identidade individual é fortemente influenciada pela cultura, inserido nesta o indivíduo pode sempre aprender os conhecimentos necessários à formulação da sua opinião acerca das questões civilizacionais[158]. Ao nível individual de um membro de pleno direito de uma sociedade da TMM, temos o "indivíduo formado" de J. Rosenau em vez de individualidades realistas; mas as aptidões deste "indivíduo dotado" não se determina pelo acesso pessoal a uma variedade de informação descodificada (como julgam os trans-nacionalistas e os globalistas) mas pela pertença ao campo semântico da tradição.

[158]Rosenau J., Fagen W. A; "New Dynamism in World Politics: Increasingly Skillful Individuals?" in *JSTOR. Studies Quarterly*. 41. 1997.

A relevância da escola inglesa das RI para a TMM

A escola inglesa das RI é uma construção extremamente produtiva quanto à sociologia da interacção inter-civilizacional. Os proponentes desta escola consideram o campo das relações internacionais como sendo o da *sociedade*, como tal investigaram prioritariamente os procedimentos e os protocolos da confraternização entre os países, ou seja: a sua "socialização" internacional. Assim, providenciam aos teóricos das RI um arsenal de métodos para o estudo aprofundado dos padrões e das regularidades das interacções dos intervenientes das relações internacionais. Na TMM alteram-se os actores: em vez dos Estados-nação temos as civilizações. Com esta altera-se também a estruturação do panorama das relações internacionais. Consequentemente, os métodos da escola inglesa podem bem servir de base para o estudo da *sociedade inter-civilizacional*, o encontro das civilizações e a estruturação do diálogo entre estas.

A tese do "diálogo de civilizações" entra na óptica da escola inglesa de modo mais concreto: pode entender-se tal diálogo como uma estratégia para a confraternização, dinamizar a relações, o ritmar as exclusões e as inclusões, hierarquizar as relações, a expansão e a retracção, os protocolos da guerra e da paz, o equilíbrio entre o material e o espiritual, etc.

As civilizações do mundo multipolar irão representar a sociedade planetária, forçadas, de uma maneira ou outra, a aceitar *outras* para além da sua. Mas neste caso esse outro não será um Estado, mas uma civilização diferente da sua. O modo como será estruturada a imagem desse outro, a extensão em que será dotado de características negativas e a extensão em que pode ser incluído no espírito de aliança e da concorrência pacífica dependerá de muitos outros factores, obviamente impossíveis de prever. Mas as ferramentas conceptuais da teoria da escola inglesa servem perfeitamente para a construção de outras teorias.

Por exemplo, peguemos na imagem que o mundo islâmico tem no Ocidente moderno. Uma certa demonização da civilização islâmica (principalmente deste o 11 de Setembro) transformou-se característica dos estereótipos civilizacionais (não importa em que país e sob que preceitos se formou esta imagem negativa, tenha por base a identidade cristã ou o mero secularismo). O mesmo vale para a fobia aos EUA e a generalizada hostilidade ao Ocidente por parte do mundo islâmico sendo, novamente, irrelevante qual o Estado. Deparamo-nos aqui com a disseminação dos estatutos sociais e do seu lugar a nível das relações internacionais, tal é o principal objecto de estudo da escola inglesa das RI, destacando as "sociedades dos Estados" e os aspectos sociais das suas interacções, reconhecimento e apreciação mútuos.

Os métodos da escola inglesa são aceitáveis na TMM, caso em vez das "sociedades dos Estados" estudemos as "sociedades das civilizações" e os processos sociológicos que nelas decorrem.

A relevância do marxismo e do neo-marxismo para a TMM

O marxismo e o neo-marxismo nas RI são extremamente úteis à TMM como arsenal doutrinário crítico do universalismo da civilização ocidental e a sua pretensão à superioridade moral com base nos factores da sua superioridade financeira, material e tecnológica. A civilização ocidental na era moderna optou pela via capitalista e assim limitou os seus horizontes. Mas a encarnação material do sucesso num alto nível de desenvolvimento e eficácia económica das acções dos mercados e, mais recentemente, a prioridade dada ao desenvolvimento do sector financeiro podem ser decisivos somente se aceitarmos o padrão capitalista não só a nível material mas também a nível dos valores sociais, culturais e espirituais[159]. Isto demonstrou-o perfeitamente M. Weber, que identificou o capitalismo como expressão da ética protestante, na qual a recompensa do homem no decorrer da sua vida, por via do sucesso e da riqueza, é um reflexo directo da sua dignidade moral. A equiparação da riqueza à moral, característica da sociedade ocidental da era moderna, possui raízes religiosas e culturais. O capital e o capitalismo tornaram-se não só no padrão no poder, mas também no padrão da verdade.

O marxismo desafia tamanha abordagem e, embora reconhecendo a influência do capital, rejeita a sua pretensa superioridade moral. A ética marxista organiza-se de modo oposto. O bem encontra-se na classe trabalhadora (proletariado) que, sob o capitalismo, se encontra escravizada pela parasítica classe burguesa. No marxismo, rico é sinónimo de mau. Consequentemente, o desenvolvimento material e a concentração de capital em determinado país não querem dizer nada, demonstram até a presença de uma das sociedades mais injustas, más, que como tal deve ser ignorada.

Na análise das RI esta ética marxista leva à apreciação moral do "abastado norte" e do sistema capitalista como uma expressão histórica, geográfica e social do mal mundial. O Ocidente não só não se torna num modelo a seguir, nem na terra prometida – na qual se

[159]Вебер М. Избранные произведения. М.: Прогресс, 1990.

encontra a solução para todas as questões – como se torna na cidadela da exploração, do engano, da falsidade, da violência e da injustiça.

Sem concordarmos com todas as conclusões dogmáticas deste acerca da revolução mundial e da missão messiânica do proletariado, a TMM aceita a abordagem marxista quanto à apreciação da natureza e da origem do Ocidente capitalista e associa-se à denúncia do capitalismo como modelo de exploração assimétrica que impõe os seus critérios civilizacionais (capitalismo, livre mercado, a demanda pelo lucro, materialismo, consumismo, etc.) a todos os povos e sociedades. *O capitalismo é o aspecto económico material do universalismo e do colonialismo ocidental.* Ao aceitarmos a lógica do capital, mais tarde ou mais cedo seremos obrigados a aceitar e a reconhecer o Ocidente e a sua civilização como guia, ponto de orientação, modelo exemplar e horizonte do desenvolvimento. Mas tal entra em conflito com a ideia de uma ordem mundial multipolar e da valorização da pluralidade civilizacional. Algumas civilizações podem aceitar a prosperidade material e a forma capitalista para a actividade económica como aceitáveis e desejáveis, mas outras bem pode ser que não. O capitalismo não é obrigatório e não é também a única forma de organização económica. Pode ser aceite ou rejeitado. A equiparação do bem-estar material à dignidade moral pode ser justificada por uns e rejeitada por outros. Portanto, para a TMM o vector anti-capitalista do marxismo e do neo-marxismo nas RI, bem como a denúncia da exploração característica do modelo de desenvolvimento dependente, são componentes importantes que podem ser bem empregues[160]. O mesmo vale para a crítica do "abastado norte" e o apelo à oposição ao sistema mundial. Sem esta resistência e oposição será impossível o advento de um mundo multipolar.

A principal diferença entre a TMM e a teoria neo-marxista do sistema mundial (bem como dos projectos de A. Negri, M. Hardt e outros altermundialistas) consiste no facto da TMM não reconhecer, em absoluto, o fatalismo histórico das teorias marxistas, que insistem no factor do capitalismo ser uma fase generalizadamente obrigatória e universal de desenvolvimento histórico, à qual se seguirá a fase igualmente fatal e irrevogável da revolução proletária. Para a TMM o capitalismo é uma forma empiricamente fixa do desenvolvimento da civilização ocidento-europeia, enraizada na cultura desta e difundida quase à escala planetária. Mas uma análise profunda ao capitalismo nas sociedades não-ocidentais demonstra, uma e outra vez, a sua

[160]Furtado C.; *A nova dependência, dívida externa e monetarismo.* RJ: Paz e Terra, 1982.

natureza imitadora e superficial, dotada de propriedades semânticas muito diferentes e representando sempre algo especial e diferente da formatação socioeconómica, prevalecente no Ocidente moderno. O capitalismo surgiu no Ocidente, e pode tanto continuar a evoluir como perecer. Mas a sua expansão para lá do mundo ocidental, embora condicionada pela tendência da expansão do capital, não tem razão de ser nas sociedades não-ocidentais onde se projecta. Cada civilização possui a sua própria noção de tempo, história, economia e lógica do desenvolvimento material. O capitalismo invade as civilizações não-ocidentais como perpetuador das práticas coloniais e, como tal, pode e deve ser ignorado, alvo de resistência, como se se tratasse de uma agressão por parte de uma cultura ou uma civilização alienígena. Assim, a TMM insiste na luta contra o "Norte rico" que decorre actualmente em todos os pontos do mapa da humanidade e, principalmente, no "Segundo Mundo" (a semi-periferia, nas palavras de I. Wallerstein)[161]. O mundo multipolar não deve surgir "*depois do liberalismo*" (como acreditam os neo-marxistas) mas *em vez* do liberalismo. Assim sendo, a luta contra o liberalismo não deve ser em nome daquilo que o irá substituir depois deste se instalar à escala planetária, mas *já*, de modo a não permitir que este alguma vez se estabeleça à escala mundial. Para as civilizações não-ocidentais é desnecessário passar pela fase do desenvolvimento capitalista. Nem é necessário mobilizar as suas populações em prol da revolução proletária. As elites e as massas dos países da "semi-periferia", pese embora os neo-marxistas, não estão de todo obrigadas a dividirem-se socialmente e a integrarem-se nas duas classes internacionais – a burguesia mundial e o proletariado mundial – perdendo todas as suas características civilizacionais. Pelo contrário, as elites e as massas pertencentes a uma mesma civilização devem reconhecer a sua identidade comum, cujo significado deve pesar mais que o da identidade de classe. Se em relação à solidariedade internacional da burguesia e (em menor extensão) do proletariado os marxistas possuem alguma razão (pois tratam-se de Estados capitalistas e burgueses nos quais, de facto, domina a lógica do capital), no caso das civilizações não-ocidentais as coisas já não são bem assim. O topo e a base no mundo islâmico, por exemplo, estão muito mais cientes da sua cultura islâmica do que os seus equivalentes classicistas noutras civilizações – em particular o Ocidente. E este sentimento de comunhão, de união, não deve ser corroído nem abalado (seja pelo

---

[161]Wallerstein I.; *After Liberalism*, Nova Iorque: New Press. 1995.

cosmopolitismo liberal, pelo neo-marxismo ou pelo anarquismo de tipo internacionalista), deve pelo contrário ser fortalecido, aprofundado e preservado.

O mundo multipolar, principalmente no seu estágio anti-hegemónico inicial, deve ter por base a solidariedade entre todas as civilizações na sua oposição às práticas colonialistas e globalistas do "Norte rico". Tal luta deve unir as elites e as massas dentro das suas civilizações, pois o critério das classes (a elite como burguesia e as massas como proletariado) é a projecção do padrão ocidental. Nas civilizações não-ocidentais existem, de modo empírico, claro está, estratos sociais mais altos e mais baixos, mas a sua semântica sociológica e cultural difere do modelo redutor no qual o único critério empregue é o da possessão dos meios de produção. A TMM apela à solidariedade das elites e das massas na construção comum dos pólos do mundo multipolar e na organização dos "grandes espaços" de acordo com as características culturais e históricas de casa sociedade.

A relevância da teoria crítica para a TMM

As teorias pós-positivistas das RI são extremamente úteis à TMM. A teoria crítica pode ser empregue, quase na sua totalidade, na denúncia da hegemonia ocidental. A crítica à pretensão ocidento-cêntrica ao capitalismo global, à globalização liberal e ao mundo unipolar dessa teoria correspondem aos pressupostos basilares da TMM. Sem uma consciência clara da natureza hegemónica do actual sistema de relações internacionais e a unipolaridade que o rege (sendo irrelevante a sua expressão - directa, indirectamente ou de modo encoberto) não se justifica a necessidade de uma alternativa. A TMM surge como alternativa radical à actual hegemonia. Torna-se assim necessário uma descrição da sua estrutura, os métodos que utiliza para se fortalecer e ocultar a sua natureza, pois expô-los é parte essencial da TMM[162]. A teoria crítica nas RI (principalmente a de R. Cox) é um exemplo desse ataque frontal cujos pontos chave podem ser integralmente integrados na TMM. O mesmo vale para as análises estruturais e linguísticas da hegemonia[163].

---

[162]Cox R.W.; *Production, Power and World Order: Social Forces in the Making of History,* Columbia:Columbia University Press, 1987: Idem. "Gramsci, Hegemony and International Relations: An Essay in Method" in Gill S. (ed.). *Gramsci, Historical Materialism and International Relations.* Cambridge: Cambridge University Press, 1983.

[163]Ashley R.; "The Eye of Power: The Politics of World Modeling" in *International Organization.* Vol. 37, No. 3 Summer 1983.

O conceito do bloco contra-hegemónico dos críticos da hegemonia pode também ser adicionado ao arsenal da TMM. Aqui o conceito de bloco contra-hegemónico adquire características mais especificas que na inerte crítica teórica do marxismo. *Na TMM o bloco contra-hegemónico é a combinação de forças de todas as civilizações actuais que estejam cientes da actual hegemonia como algo inaceitável e insatisfatória quanto aos interesses dos povos e das sociedades.* No centro desse bloco contra-hegemónico devem concentrar-se os intelectuais de vanguarda de todas as civilizações que aspirem a tornar-se pólos de pleno direito, referimo-nos aos pólos cuja existência é negada, a priori, pela actual hegemonia: o ortodoxo (eurásico), o islâmico, o chinês, o indiano e o latino-americano (bem como ainda o budista, o japonês e o africano). Dentro das próprias fronteiras ocidentais podem também surgir membros da comunidade dos serviços secretos que estejam cientes de que a civilização ocidental (seja americana ou europeia) é meramente *local e regional* e prefiram limitar a expansão às suas delimitações históricas (isto é, ao isolacionismo americano ou aos apoiantes da "fortaleza Europa"). No segundo patamar desse centro do bloco contra-hegemónico podem concentrar-se todas aquelas forças que se opõem à globalização e ao unipolarismo, seja por razões de classe, éticas, culturais, religiosas ou ideológicas. Mas há que ter em conta que no decorrer da construção do bloco contra-hegemónico os defensores do mundo multipolar, toda uma diversidade de intelectuais e teóricos, terão por base o tremendo potencial das suas próprias civilizações e não só a rejeição moral da hegemonia, desse modo o bloco transformar-se-á instantaneamente em algo muito mais sério do que se possa imaginar, isto tendo em conta os textos e as propostas dos teóricos ocidentais que, por norma, tendem a representar as comunidades inconformistas e marginalizadas. O diálogo entre os contra-hegemónicos de todo o tipo, pertencentes a todos os grupos e zonas culturais, é, claro está, de suma importância, mas a prioridade será a consolidação dos representantes das potências civilizacionais mais ricas à escala regional.

Só quando combinada com a TMM pode a teoria crítica passar de um nobre desafio intelectual e de uma posição moralmente heróica a uma formidável potência política.

A relevância da teoria pós-modernista para a TMM

Não menos importante é a inclinação pós-modernista nas RI – principalmente pela sua desconstrução sistemática do discurso dominante, por intermédio do qual a hegemonia ocidental se apresenta como algo natural à qual não existem alternativas, como sendo o único mundo possível. Toda a estruturação do campo teórico das relações internacionais na Ciência Política ocidental bem como o discurso político em questões internacionais por parte dos políticos ocidentais não passam de "profecias auto-evidentes", "teorias solventes de problemas" e "optimismo". As teorias das RI e o discurso generalizado dos líderes ocidentais são uma espécie de "programação neurolinguística" concebida para impor à humanidade uma determinada versão da realidade, sempre organizada em favor da satisfação dos interesses da elite ocidental[164]. O conhecimento, enfatizam os pós-modernistas, não pode ser objectivo e neutro. A revelação de a quem e para que servem determinadas teorias é uma ferramenta extremamente útil para a desconstrução das RI numa variedade de publicações teóricas[165].

Por vezes esta actividade é apodada de "subversiva", dado auxiliar na detecção da tensão, da banalização e da dualidade de padrões, abundantes em todos os textos teóricos, e, principalmente, das declarações políticas que descrevem a lógica dos processos das relações internacionais, predeterminando-as. Generalizando, os pós-modernistas seguem a mesma linha dos defensores da teoria crítica, expondo e desvelando a natureza hegemónica do Ocidente e do seu discurso "totalitário", cuja intenção é a
imposição dos seus valores e interesses a todas as outras sociedades[166]. Isto pese embora o facto da população ocidental constituir uma parte incomparavelmente pequena da humanidade e da sua cultura não ser nem a mais antiga, nem a mais perfeita (isto se, no que toca a cultura, podemos sequer utilizar uma qualquer escala comparativa).

O pós-modernismo é extremamente útil à TMM também quanto à eliminação dos conceitos prévios ("empirismo", "verificação", "precisão estática", "demonstração visual", etc.) característicos da

---

[164]Shapiro M. J.; "Textualizing Global Politics" in Darian Der J., Shapiro M. J. (eds.). *International/Intertextual Relations: Postmodern Readings of World Politics*, Lexington, MA: Lexington Books, 1989.

[165]Darian Der J. (ed.), *International Theory: Critical Investigations*, Londres: MacMillan, 1995.

[166]Ashley R.; "Imposing International Purpose: Notes on a Problematic of Governance" in Czempiel Ernst-Otto, Rosenau James N. (eds.); *Global Changes and Theoretical Challenges: Approaches to World Politics for the 1990s*. Lexington, MA: Lexington Books, 1989.

crença generalizada de que a era da modernidade é ontologicamente independente do objecto. Ao nível da filosofia da ciência e da sociologia, a ideia de que o critério científico se verifica do facto no decorrer da sua prática há muito que foi abandonado e substituído por outro critério mais subtil, a falsificação (K. Popper, I. Lakatos), ou seja o reconhecimento de que a hipótese científica pode ser refutada tendo por base o sistema da demonstração racional. Nas RI esta evolução filosófica está a ser introduzida de modo tardio, mas os pós-modernistas tentam compensar essa deficiência, elevando a auto-reflexão dos especialistas em RI ao patamar apropriado[167]. Na epistemologia pós-modernista não existem factos, objectos nem sujeitos. Existem somente processos, códigos aleatórios, estruturas, redes, híbridos (B. Latour) ou rizomas (G. Deleuze). Todos podem organizar-se em torno do eixo da vontade de poder ou, descomplexadamente, ficarem entregues a si próprios.

Aqui podemos realçar a diferença qualitativa entre o pós-modernismo e a TMM nas RI. No que diz respeito à crítica à hegemonia ocidental e à vontade de poder do Ocidente, bem como à denúncia das estruturas de domínio e ao estabelecimento da desigualdade a nível do discurso e da teórica (escrita), então ambas as teorias andam lado a lado. A TMM reconhece o potencial da crítica pós-modernista e a ela vai buscar os seus principais métodos de desconstrução. A desconstrução da hegemonia é completamente aceite. As diferenças surgem quando os pós-modernistas propõem o seu projecto de alternativa. Este reduz-se à rejeição da vontade de poder em geral, da hierarquia e em favor de um estado generalizado de caos relaxado no qual se encontre completamente extinguido e apagado qualquer geometria hierárquica quanto à existência, conhecimento, sociedade, política, corporalidade, género, práticas produtivas, etc. Enquanto desconstroem o poderio do Ocidente, os pós-modernistas aproveitam para derrubar também o princípio da hierarquia de um modo geral. A TMM Não partilha desta visão, acreditando que a desconstrução da vontade de poder do Ocidente é extremamente útil para abrir caminho à TMM e à construção do mundo multipolar mas que não deve eliminar a vontade de poder como fenómeno isolado nem, juntamente com esta, toda e qualquer geometria hierárquica a nível mundial.

A vontade de poder do Ocidente existe, na realidade determina toda a estruturação do discurso ocidental. Do mesmo modo, influencia a organização do panorama das RI bem como a sua compreensão teórica

---

[167]Darian Der J.; "Introducing Philosophical Traditions in International Relations" in *Millennium*, Vol. 17, No. 2. 1988.

(de modo mais preciso: a compreensão organiza o panorama *por intermédio* da sua compreensão teórica). Mas ao denunciá-lo podemos chegar a uma conclusão diferente da pós-modernista. Sem uma rejeição generalizada da vontade, podemos limitá-la de acordo com as delimitações históricas e geográficas naturais à civilização ocidental, e dentro desse enquadramento pode ser tanto aprovada como transformada. A escolha é do Ocidente. Mas as opções das outras civilizações - eurásica, islâmica, chinesa, hindu, etc., podem bem passar *pela defesa do direito a cultivar a sua própria versão da vontade de poder, elaborada de acordo com as suas tradições históricas, culturas, religiões e características sociais*, etc. As vontades de poder ortodoxa, chinesa, islâmica ou hindu podem diferenciar-se entre si, nem como da europeia, e todas elas têm as suas próprias razões para se fortalecerem, evoluírem, mutarem ou se desagregarem. *Dentro de cada civilização a vontade de poder pode ter o seu próprio destino*. Livres da influência global do discurso hegemónico do Ocidente e da completa imposição (mesmo caricaturada) da sua adopção, as civilizações deterão um enorme grau de liberdade para lidar com as estruturas autóctones da vontade de poder à sua discrição. E não deverão existir quaisquer intencionalidades universalistas (nem mesmo as pós-modernistas). A vontade de poder pode ser aceite ou rejeitada, essa decisão cabe a cada sociedade em particular. Mas é necessário livrarmo-nos da hegemónica vontade de poder do Ocidente capitalista moderno.

A relevância do feminismo para a TMM

O feminismo nas RI é de suma importância metodológica para a TMM graças ao facto de demonstrar como a posição sociológica (neste caso, de género) afecta a construção teórica. De particular valor é o feminismo de base, o "feminismo situacional", que ilustra exemplarmente a possibilidade de uma revisão radical das teorias sociopolíticas - no caso em questão da "situação" da mulher, em vez da do homem. Deste modo obtemos uma teoria muito especial, que pouco tem em comum com as restantes teorias normalmente aceites. Deste modo mina a pretensão à universalidade unilateral do discurso (machista, neste caso).

A TMM sugere a repetição desta abordagem, tendo por base já não o género mas a identidade civilizacional. Isto dar-nos-á a base da abordagem civilizacional - ou seja a "a abordagem da situação civilizacional". Se para a civilização ocidental o princípio antropológico de Hobbes, do "homem ser o lobo do homem", pode funcionar ser a base de maiores construções políticas até ao conceito do Leviatã, de soberania, de Estado nacional e da anarquia nas relações internacionais, podendo ser desafiado pelas posições mais humanistas e pacifistas de Locke e Kant, já no contexto de qualquer outra civilização lidamos com uma antropologia completamente diferente em conjugação com um conjunto de ideias qualitativamente diferente quanto ao homem e à natureza. Por exemplo, no hinduísmo opera o princípio do "homem ser o deus do homem", na ética ortodoxa do "seres mais que eu" e no Islão de "aos olhos de Alá, não há diferença entre um e outro". Em todo o lado a medida das coisas difere de acordo com as realidades, algures tudo tem a medida do homem e *algures não tem*, e o próprio homem deriva da substância (por exemplo, no budismo o indivíduo é um fluxo de dharmas interligados ao acaso e não possui uma natureza própria, um "eu", do princípio budista de "anatman").

Uma vez que nos coloquemos na *posição* antropológica de determinada civilização não-ocidental, obtemos um conceito completamente diferente de Estado, poder, sociedade, História, relações interestaduais e internacionais, diferindo estas em muito mais das dos ocidentais do que as diferenças entre os homens e as mulheres dentro da própria civilização ocidental. Ou seja, o feminismo nas RI serve para ilustrar o pluralismo sociológico das posições de base, podendo este ser aplicado num contexto completamente diferente.

Quanto às exigências feministas para a expansão do feminino na teorização das RI, é completamente desnecessário reproduzir de modo literal na TMM. À parte do facto dos pontos de vista masculino e feminino variarem essencialmente no contexto de uma mesma civilização (realçado pelas próprias feministas, levando a que se deva estudar e ter em conta essas diferenças), *civilizações diferentes vislumbram de modo diferente a parelha de géneros* – tendo também por base a sua excepcionalidade, característica da sua própria antropologia. Por exemplo, a privação do direito das mulheres hindus em se imolarem em sacrifício após a morte do esposo (o rito de sati), como sucede com a lei da Índia moderna – que copia os códigos legais das sociedades ocidentais, pode bem ser visto como uma "restrição dos direitos das mulheres hindus", enquanto que os europeus de ambos os géneros sentirão um sentimento de horror e nojo quanto à dita cerimónia. O conteúdo semântico do género é qualitativamente diferente em cada civilização e o papel da mulher na sociedade deve resolver-se tendo por base as tradições e as atitudes sociais locais. Se as feministas se batem contra os desejos dos homens em universalizarem os seus arquétipos de género, devem também bater-se o universalismo de quaisquer outros valores meramente locais, entre eles a ideia da igualdade dos sexos que, na sua actual forma, não passam de um conceito meramente ocidental, modernista e até parcialmente pós-modernista.

A relevância da sociologia histórica para a TMM

De extrema importância para a TMM é o método da sociologia histórica nas RI, dado permitir avaliar a evolução actual de todo o sistema das relações internacionais de uma perspectiva histórica, clarificando os futuros horizontes e tornando possível uma nova compreensão aprofundada da História. Os partidários da escola da sociologia histórica nas RI criticam as teorias clássicas devida à ausência de uma dimensão histórica. Isto significa que essas teorias não prestaram atenção suficiente à *evolução* dos intervenientes, às movimentações e aos princípios reguladores que determinam a interacção entre os Estados e as sociedades em vários períodos históricos. Partindo do princípio de que o actual estado das coisas reproduz, de certo modo, o que sempre foi e projectando o actual status quo no passado (centrismo temporal e cronofetichismo da maior parte das teorias das RI), os paradigmas clássicos das RI não permitem a possibilidade da compreensão do passado e condenam o futuro a repetir as mesmas regulações de modo automatizado. A perda da noção história leva quase todos os teóricos das RI a preverem e a analisarem de modo inadequado, um retrato vívido daquilo que se tornou na absoluta incapacidade dos neo-realistas e dos neo-liberais em conseguirem prever o colapso do mundo bipolar e o colapso da URSS mesmo até na véspera deste ocorrer, e isto de modo literal, quando tal já era um facto comprovado. A estrutura das relações internacionais já foi qualitativamente diferente do que é agora, e é provável que no futuro mais próximo se torna qualitativamente diferente do que é agora. Prever e projectar o futuro compreendendo o passado nas RI requer ferramentas teóricas de particular importância, nomeadamente aqueles desenvolvidos pela sociologia histórica.

Uma das versões dessa abordagem histórico-sociológica é proposta por B. Buzan e R. Little[168]. Introduziram o conceito de "sistema internacional" e detectam as principais alterações de fundo desse

---

[168]Buzan B., Little R.; *International Systems in World History*, Oxford: Oxford University Press, 2010.

sistema em diferentes períodos históricos. A base da sua teoria é a seguinte:

Existem quatro "sistemas internacionais":

- *O sistema pré-nacional* (característico daquelas sociedades onde ainda não existem indícios de um estatismo político – as tribos dos caçadores recolectores, as primeiras gases da produção agrícola, etc.);

- *O sistema clássico ou antigo* (que corresponde às cidades-Estado, aos impérios e às primeiras formações políticas; este sistema é característico das sociedades tradicionais e existiu durante milhares de anos até ao início da era moderna na Europa);

- *O sistema internacional global* (que substituiu o sistema clássico, tendo por base as interacções dos Estados-nação soberanos e caracterizado pelo facto de impor uma grelha de espaços nacionais em todas as áreas habitáveis do planeta – daí a sua globalidade);

- *O sistema internacional pós-moderno* (constituído devido à globalização e representando o resultado da mutação do sistema anterior e da difusão da estrutura dos Estados-nação).

No decorrer da transição de um sistema internacional para outro altera-se praticamente tudo – os principais intervenientes, a estruturação da interacção entre estes, a intensidade dos contactos e dos intercâmbios, a estrutura económica, a concepção do poder político, as ideologias, etc. Aqui ocorrem todas as transições históricas, embora nem de modo simultâneo nem instantâneo, estendendo-se por vezes a uma extensão de milhares de anos e esse progresso difere nas várias partes do mundo, ocorrendo a ritmos diferentes. Para compreendermos o actual momento das relações internacionais é necessário colocá-lo no seu devido contexto histórico e sociológico.

A teoria dos sistemas internacionais é importante para a TMM por duas razões.

A primeira: esta teoria permite-nos compreender como se tornou possível a ascensão das civilizações como candidatas ao papel de principal interveniente nas relações internacionais.

A segunda: no seu contexto podemos concentrar-nos de modo histórico e sociológico no que será o sistema pós-moderno, pois hoje é completamente impossível discernir em que direcção este irá evoluir, devendo a concepção dessa via originar as mais sérias disputas. O futuro não se encontra predeterminado, está em aberto e pode ser levado a cabo por aqueles que o decidam hoje. É preciso aprofundar este aspecto.

Caso sigamos o ponto de vista universalista e ocidento-cêntrico da História, a transição para um sistema internacional global é algo "irreversível" e "justo" para todas as sociedades da Terra. Mesmo onde estas foram incluídas neste sistema, à partida, graças ao seu estatuto de *colónias* europeias que gradualmente obtiveram a sua independência e soberania nacional. Mas tal sucede só superficialmente. Por baixo da fina película da modernização do sistema político da maior parte das sociedades não-ocidentais encontra-se preservado um modelo sociocultural completamente diferente correspondendo, por norma, ao sistema internacional clássico ou antigo. A modernização estende-se aos estratos mais elevados da sociedade, mas as massas mantêm-se nas condições da sociedade tradicional. Assim sendo, obtendo a sua independência as anteriores colónias são só nominalmente "modernas" e, assim sendo, intervenientes de pleno direito do sistema westphaliano. Na sua essência hoje, como ontem, continuam a ser tradicionais.

Este factor manifesta-se, nomeadamente, com o colapso do mundo bipolar. Por baixo da fina camada da modernização surgiu a torrente da *verdadeira essência* de muitas regiões socioculturais. Aqui nos surge um novo aumento da importância e do papel de todas aquelas características distintivas das sociedades tradicionais - religião, ética, família, etnia, escatologia, etc. Trata-se, nomeadamente, do fenómeno da "emergência das civilizações" quando, após o colapso das estruturas da modernidade (a bipolaridade) dadas as condições da pós-modernidade (a globalização), surge o contingente da pré-modernidade (o choque/diálogo das civilizações).

Nos termos da sociologia histórica nas RI tal é descrito como a descoberta das características do sistema internacional *clássico* no decorrer da transição do sistema internacional *global* para o *pós-moderno*. O mundo globalizado, tendo a intenção de levar a cabo um avanço definitivo para lá dos limites da modernidade e da era moderna, descobre subitamente que em muitas regiões do globo a modernidade ainda não ocorreu e que a era moderna ainda está por acontecer. E aqui surge a suspeita de que, talvez, nessas sociedades não-ocidentais a modernidade tal qual é compreendida na sua forma europeia é de todo impossível, que ali nunca chegará a era moderna. Trata-se de um factor civilizacional - com o seu conjunto de atributos pré-modernos. E caso esse interveniente seja suficientemente forte e estável, então a lógica universalista e progressista de uma compreensão linear da História, característica do Ocidente, será derrubada. A TMM de certo modo sugere exactamente isso, partindo da compreensão linear da História de modo cíclico, de todas as eras e da era universal da humanidade até às trajectórias e vias específicas de cada era civilizacional, relacionando-se umas com as outras de um modo complexo que obriga à prestação de uma atenção acrescida aos padrões que se encontram numa mutação constante.[169]

Aqui podemos levar a cabo o segundo passo e pensar no sistema internacional pós-moderno, do qual falam Buzan e Little, como uma opção *em aberto* entre a continuação da globalização ocidento-cêntrica, mas somente com a indefinição constante da orientação vertical do discurso hegemónico do Ocidente, o projecto multipolar que tinha sido esquecido volta a entrar em cena graças aos despertar das *estruturas das sociedades tradicionais*, ou seja as civilizações, as culturas e as religiões. No contexto da alteração entre cada sistema internacional alteram-se os significados, os intervenientes, as conexões estruturais e a transição do sistema global para o novo sistema inclui também mudanças, fracturas, transformação de identidades e paradigmas. Não é correcto aplicar os critérios modernistas ao sistema pós-moderno, pois já perderam a relevância. Tal significa que os horizontes semânticos do sistema internacional que substituirá o sistema global se definem, condicionalmente, como "pós-modernismo", permanecem em aberto e problemáticos, para que possa ocorrer a sua formação pode ser levada a cabo uma luta intensa e apaixonada entre os vários segmentos da humanidade.

Trata-se que uma questão crucial para a TMM: o pós-modernismo nas RI não é inevitável e não significa a transição de uma estrutura inteligível das relações internacionais para outra, também representada de modo genérico. Pelo contrário, trata-se de um processo em aberto com um desfecho ainda por determinar que pode dar origem a um novo modelo de ordem mundial, bem como a algo completamente diferente deste nos seus parâmetros mais essenciais. O pós-modernismo pode tornar-se na continuação do modernismo mas pode também ir para lá das suas limitações e da sua lógica. A segunda opção para a pós-modernidade é a oportunidade de construir o mundo multipolar tendo por base o pluralismo civilizacional.

---

[169] О социологии времени см. Дугин А. Социология воображения. М.: Академический проект, 2010; Он же. Социология русского общества. М.: Академический проект, 2011.

A relevância do normativismo para a TMM

O normativismo nas RI é extremamente útil para a análise "condensada" das civilizações e das estruturações, relações e ligações entre estas. Esta abordagem concentra-se no estudo das normas, valores, ideias e ideais de cada sociedade em particular, tal sendo possível por intermédio da compreensão aprofundada de como entendemos as principais questões das relações internacionais nos vários países e contextos sociais. Esta visão normativa pressupõe que a imagem que temos do mundo político é compreendida e interpretada de modo diferente por cada sociedade, tendo por base as suas atitudes (normas) culturais. Essas normas afectam a autoridade política e outros centros de decisão quanto à política externa, pois esta nunca se encontra separada do restante panorama social, associando-se a este e dele dependendo por questões de política doméstica (legitimidade). Mesmo que alguns indivíduos. Mesmo que alguns indivíduos, mesmo que conjugados, não tenham competências suficientes na área das relações internacionais e das questões da política externa, a sua representatividade bem pode afectar a legitimidade do governante. A política externa coloca-se, portanto, num contexto sociocultural específico e, nesse contexto, a simbologia, preferências, atitudes e complexidades étnicas ocupam um papel de relevo.

Estudando prioritariamente os panoramas da área das relações internacionais (por exemplo, a imagem do outro) e a sua ressonância em determinada sociedade, os normativistas aproximam-nos da compilação de um mapa civilizacional, no qual as várias sociedades projectam complexidades diferentes de critérios morais, avaliações éticas, imperativos e regras quanto ao panorama internacional. Como tal se conjuga com determinada política em casa caso é algo que deve ser analisado à parte, mas nesta abordagem toda a esfera das relações internacionais se torna já não na esfera do exercício do poder, das tecnologias económicas ou das iniciativas institucionalmente globalistas mas na esfera da simbologia e dos desígnios que, claro está, cada sociedade e cultura interpreta de modo diferente - de acordo com o seu sistema de valores.

Assim, para a TMM abre-se um amplo leque para *a análise simbólica das relações internacionais* tendo por base as várias conjunções civilizacionais, cada uma delas nos termos da sua imagem das normas e dos ideais.

A relevância da teoria do construtivismo para a TMM

Já discutimos anteriormente a importância do construtivismo para a TMM. O mais relevante desta abordagem é a importância que esta atribui à *construção teórica*, detendo normalmente uma importância decisiva na implementação de determinado projecto em detrimento de outro. As ideias do mundo afectam o mundo e caso não o tornem naquilo que é, então pelo menos atribuem-lhe algumas características qualitativas. Consequentemente, o sistema das relações internacionais é em grande parte *o resultado de uma construção* no decorrer do emprego de um campo teórico das RI como disciplina que é.

Os próprios construtivistas, principalmente A. Wendt, preferem empregar este método nas correntes humanista e neo-liberal, realçando o quanto as RI dependem de formulações auto-limitadas ou de conflitos previamente programados. Wendt acredita que a anarquia das relações internacionais pode ser interpretada de várias maneiras – no espírito de Hobbes (competição e preparação para a guerra), no espírito de Locke (competição e rivalidade pacífica) e no espírito de Kant (solidariedade, parceria e associação generalizada da sociedade civil). De acordo com Wendt, ontologicamente trata-se da mesma anarquia, mas a sua avaliação gnoseológica permite que a sua construção tendo por base ou o campo da hostilidade, o da competição ou da área da estreita cooperação solidária. Por fim, a realidade das relações internacionais torna-se naquela que a sua compreensão configurar. Do ponto de vista construtivista, vivemos num mundo criado por nós. Nicholas Onuf formulou-o no título da sua obra basilar "O mundo da nossa humanidade"[170].

Mas no contexto da TMM na origem da compreensão construtivista acerca da natureza das relações internacionais podemos chegar a uma conclusão diferente (geral) daquela a que os construtivistas liberais chegaram. Querem tornar o mundo "mais humano" no espírito da comunhão desses valores que entendem como básicos e garantidos no contexto do modernismo ocidental e, em parte, da cultura pós-modernista. Mas trata-se "do mundo, criado por eles" – "o seu próprio mundo". As civilizações não-ocidentais preferem, como é lógico, "*criar o mundo*" de acordo com as suas próprias atitudes e ideias, tradições e padrões culturais. O mundo ocidental, pretendendo ser o único modelo universal de mundo, *é criado pelas pessoas do Ocidente.* Estas aprenderam também a desconstruí-lo e a recriá-lo de raiz. Essa prática é crucial para a TMM. Mas deve ser aplicada noutro contexto e tendo

---

[170]Onuf Nicholas; *World of Our Making: Rules and Rule in Social Theory and International Relations*, Columbia: University of South California Press, 1989.

em vista outro propósito. Tendo compreendido que perante as normas da pretensão à auto-evidência e ao universalismo (o progresso técnico, a democracia, os direitos humanos, a tolerância, o humanismo, a economia de mercado, a imprensa livre, etc.) estamos *a lidar com a projecção de uma de várias civilizações* com características inerentes a uma única faceta histórica dessa civilização, podemos detectar facilmente o discurso ocidental e sujeitá-lo à desconstrução mas *libertando-o desse campo semântico tendo em vista a construção de uma realidade diferente.* O mundo criado por nós, em vez de por eles, pode e deve ser estritamente multipolar. E para que tal suceda, basta-nos construí-lo.

Devemos começar pela sua teorização. Nomeadamente na esfera da representação e dos conceitos raiz que, quando entendidos e experienciados como realidade, serão elevados a status quo.

Exemplo da análise do mundo multipolar comparada com a do sistema internacional pós-moderno

Segue-se um exemplo de como o método desenvolvido pelos teóricos do "sistema internacional" pode ser aplicado ao multipolarismo.

A dita análise do sistema internacional circunscreve-se à identificação dos seguintes patamares:

- Sistema
- Subsistema
- Unidade
- Subunidade
- Indivíduo

E a relação entre estes patamares circunscreve-se aos seguintes campos:

- Militar,
- Económico,
- Político,
- Social,
- Ambiental.

Fora isto, no sistema internacional destacam-se:

- *A interacção* (linear ou multicoordenada – determina a intensidade do nível de interacção – por carácter resume-se normalmente a cinco tipos: guerras, alianças, intercâmbios, empréstimos, domínio);
- *A estruturação* (modelo estático de organização da unidade do sistema);
- *O processo* (transformação de todas as relações à escala qualitativa).

De acordo com Buzan/Little, o sistema internacional pós-moderno possui as seguintes características:

- A expansão do campo das unidades de base (comparado com o sistema global, no qual operavam praticamente só os Estados);
- A ascensão de intervenientes não-estatais até ao patamar das novas unidades – os nómadas do asfalto (Ernst Jünger, Jacques Attali), um cosmopolitismo completamente indiferente ao do sistema das hierarquias territorializadas;
- Uma intensidade muito superior de interacção;
- A ascensão de novos espaços supra-estatais – informacionais, comerciais, culturais, redes, distribuição, estilo;
- Dispersão da interacção global (dispersão das unidades de base militar e política até às económico-comerciais);
- Ascensão de novas localidades (regionalismo).

Este panorama do sistema internacional pós-moderno, descrito por Buzan/Little, corresponde de modo geral à visão globalista e aos conceitos de trans-nacionalismo e neo-liberalismo.

Vamos agora descrever o modelo multipolar.

A principal unidade de base é a civilização (pólo do mundo multipolar).

Esta unidade faz parte de um sistema planetário que tem por base *a interacção inter-civilizacional.* As civilizações vizinhas formam um subsistema – diferente em casa caso – dependendo da civilização em questão. Podem ocorrer situações assimétricas.

Ao nível das subunidades deparamo-nos com uma variedade de conceitos e a sua nomenclatura bem pode ser diferenciada e assimétrica – parcialmente hierárquica e parcialmente localizada de modo sequencial.

No sistema pós-moderno esta questão coloca um desafio ao multipolarismo: tanto num como no outro há uma fixação pelo aumento da importância dos factores locais e de um novo regionalismo.

Entre as subunidades podemos realçar a comunidade socioculturalmente *dominante* e as comunidades *minoritárias*. Estas comunidades minoritárias podem corresponder às comunidades dominantes noutras civilizações, mas podem também ser únicas.

Essas comunidades podem estruturar-se por bases culturais, religiosas, étnicas, territoriais ou outras, dando origem a *uma sobreposição de identidades*. Cada uma dessas identidades pode ser idêntica ou diferente da comunidade dominante, ou pode não possuir quaisquer analogias noutras civilizações. Com base nisto irão constituir-se também relações inter-civilizacionais.

A emergência, ou reavivamento, de uma comunidade (religiosa, étnica, sociocultural ou outra) é sintomática do mundo multipolar.

As relações entre as civilizações serão constituídas de modo não uniforme, dependendo de cada tipo de subunidades. As relações entre grupos religiosos e socioculturais podem desenvolver-se muito rapidamente. Entre os grupos predominantes nas civilizações, pelo contrário, é provável que a comunicação e o intercâmbio sejam implementados de modo limitado e indirecto recorrendo a instâncias excepcionalmente capacitadas para o fazer.

Em vez de se aumentar o número de intervenientes, como o nómada do asfalto, o multipolarismo significa uma minimização das identidades individuais em favor de uma selecção diversificada de identidades colectivas assimétricas e vários conjuntos de estratificação social.

A tecnologia como fenómeno com pretensões ao universalismo e à neutralidade cultural será devolvida ao seu contexto histórico-cultural inicial e compreendida como uma particularidade própria de cada uma das civilizações, exprimindo por si só o impulso hegemónico e etnocêntrico.

Analisando os modelos de sistema pós-moderno proposto pelos sociólogos históricos das RI (que em geral coincidem com os transnacionalistas, os globalistas e os neo-liberais) e comparando-os com o modelo do mundo multipolar, vislumbramos uma diferença fundamental no panorama futuro. Num caso (comum aos pós-modernistas) temos que lidar com a transposição do código do modelo ocidental a um nível *individualmente* atomizado. No segundo caso a humanidade recombina-se e reagrupa-se tendo por base o *holismo* – a identidade colectiva, embora a estruturação dessa identidade e a interacção entre os vários grupos e processos, reflexo de uma mudança constante na qualidade dessas interacções, irá representar um panorama muito mais dinâmico, irreduzível quer ao sistema internacional clássico, quer ao global ou quer àquele apodado de "pós-moderno" pelos apologistas da sociologia histórica nas RI (nas suas versões neo-liberal e trans-nacionalista).

Aqui na alteração qualitativa da origem das unidades em comparação com o sistema global, no qual a unidade básica eram os Estados-nação, a TMM pode ser comparada à diferença existente entre a partícula elementar da física clássica e fractal (B. Mandelbrot) e uma laçada (na física das supercordas de E. Witten). *A civilização é uma realidade complexa com uma geometria única e, sempre, extremamente complexa* bem como um sistema de atracção de elementos que lhe são estranhos. Portanto, o sistema das relações inter-civilizacionais, tais como as guerras, alianças, intercâmbios, empréstimos e domínio, tornar-se-á *complexo* por natureza[171]. A guerra inter-civilizacional será algo fundamentalmente diferente das guerras entre os Estados – tanto em sentido como em forma. Algo também completamente diferente será a aliança das civilizações ou a natureza dos tratados de paz. O carácter da troca, inclusive económica, será determinado no mesmo patamar onde se desenvolvem essas operações – as civilizações, como tal, podem possuir instâncias e grupos completamente diferentes (quando comparados com o conceito Estado-cêntrico dos paradigmas clássicos das RI ou dos indivíduos/multitudes do neo-liberalismo e do neo-marxismo).

Finalmente, o domínio de uma civilização sobre outra pode também ser ambivalente: a superioridade material nem sempre equivale a uma superioridade cognitiva e a uma hegemonia gnoseológica. Pelo contrário, o domínio espiritual em determinados casos pode ser acompanhado por um menor desenvolvimento da esfera material. O mundo multipolar deixa todas as possibilidades em aberto.

Com base nisto podemos concluir o seguinte: o mundo multipolar é um espaço no qual a História se encontra plenamente em aberto, no qual a participação activa das sociedades na criação de um novo mundo, de um novo mapa da realidade, não se encontra delimitado por nenhum panorama externo, por nenhuma hegemonia, por nenhum reducionismo ou universalismo e nem por quaisquer regras predefinidas e impostas por terceiros. Tamanha realidade multipolar

---

[171]Morin, E., Le Moigne, J.-L.; *L'intelligence de la complexité*, Paris: L' Harmattan, 1999.

será muito mais difícil, complexa e multidimensional que quaisquer instituições pós-modernas.

O mundo multipolar é um espaço criado pelo homem com uma liberdade histórica praticamente ilimitada, liberdade popular e comunidades que podem criar a sua própria História.

O poder (príncipe) na TMM

Vamos agora considerar vários aspectos específicos da TMM em relação às temáticas clássicas, estudadas nas RI.

A questão mais importante das RI é a identificação da instância portadora do poder supremo, determinando a estruturação do comportamento do interveniente no panorama das relações internacionais. Tal instância é funcionalmente baptizada de "portadora da soberania" ou "o príncipe" (empregando e terminologia de Maquiável[172]).

A unidade base da TMM é, como vimos, a civilização. Consequentemente, é necessário desvendar como, num fenómeno como a civilização, se resolve o problema do poder e dos seus portadores, bem como a questão das soberanias.

A questão não é tão simples quanto pode parecer à primeira vista. A civilização, como vimos, é um fenómeno *complexo*, uma representação matemática e geométrica que requer a inclusão do não-linearismo. Esta é a uma diferença fundamental entre a civilização e o Estado-nação, que na era moderna introduziu um esquema reducionista esquematizado na realidade racional, compreendido como tal em quase todas as teorias das RI. Só as teorias pós-positivas das RI é que começaram, gradualmente, a relativizar a esquematização linear, dominante no realismo e no liberalismo, e, com algumas correcções dignas de nota, no marxismo. O não-linearismo dos processos e a complexidade dos intervenientes dos modelos turbulentos das relações internacionais da pós-modernidade parecem muito mais primitivos, simplistas e previsíveis quando comparados à civilização. As teorias pós-positivistas, seja como for, têm limitações conceptuais quanto ao indivíduo (daí a ideologia dos direitos humanos), cuja soma matemática reduz circunstancialmente todo o sistema das RI, mesmo nos modelos mais pós-modernistas. O indivíduo atómico constitui a base concepcional tanto dos Estados como das democracias, tanto da sociedade civil como das multitudes pós-modernistas do

[172]Макиавелли Н. Государь. М.: Планета, 1990.

altermundialismo. Em todos os casos o indivíduo é apresentado tento por base a antropologia ocidental, sendo conceptualizado à luz das ideias modernistas e pós-modernistas clássicas. Ou seja, as limitações da complexidade dos sistemas turbulentos resumem-se a um conceito individualista, elaborado de acordo com os padrões da sociologia ocidento-europeia[173]. Como tal, todos os cálculos elaborados em redor da questão do portador da soberania, de um modo ou outro, encontram-se enraizados nesse conceito. Os átomos podem modificar-se das maneiras mais bizarras e torcidas, mas toda e qualquer composição resume-se ao código digital, à verificação do cálculo estatístico. Assim sendo, a questão do poder e da sua representação nas teorias clássicas e até nas pós-positivistas das RI reduz-se sempre a um esquema calculista: os indivíduos e os grupos de indivíduos podem delegar poder nos seus representantes até ao patamar do governante soberano (individual ou colectivo – o presidente, o primeiro-ministro, o governo, o parlamento, etc.) ou, pelo contrário, reduzir o seu poder e reduzir o modelo intermédio (subsidiário dos modelos federalistas, o governo local) ou até reduzir ao patamar individual (o projecto do referendo electrónico de todos os cidadãos por intermédio da participação directa online – nas utopias ultra-democráticas da sociedade civil global). Não importa qual a instância da soberania, esta encontra-se calculada e definida tendo por base o indivíduo, mais especificamente o conceito especificamente sociológico e antropológico ocidental deste[174]. O poder é um fenómeno humano e pessoal.

Mas o pluralismo das civilizações deita por terra a dita conceptualização. O facto de civilizações diferentes operarem tendo por base elaborações antropológicas distintas, a maior parte delas não se decompondo em indivíduos atomizados ou, melhor, os indivíduos atomizados não são decomponíveis ou não possuem um significado independente. Em civilizações diferentes um homem pode ser tudo, menos uma unidade independente auto-idêntica. A mais das vezes, representa uma falha *funcional do modelo social* explícita e consciente (com base neste princípio encontramos a sociologia de Emile Durkheim e dos seus seguidores, a antropologia cultural de F. Boas e dos seus discípulos, bem como o estruturalismo de Levi-Strauss). A estruturação do poder e a sua formalização em cada civilização

---

[173]Dumont L.; *Essais sur l'individualisme. Une perspective anthropologique sur l'idéologie modern*, Paris: Le Seuil, 1983.

[174]A este respeito é extremamente relevante a "sociologia interpretativa" de Max Weber, baseada justamente em redor deste conceito, justificando-o.

reflecte as especifidades da organização do *conjunto holístico*, que pode diferir qualitativamente em cada caso.

O princípio de castas do hinduísmo tem pouco em comum com a democracia religiosa islâmica ou com o ritualismo chinês. Mais, os mesmos fundamentos civilizacionais podem dar origem a conceptualizações diferentes do poder e da sua relação com a sociedade e com o povo. Na civilização cristã vislumbramos (pelo menos) dois modelos polares medievais da norma de Estado - a sinfonia de poderes e o papado-César bizantino (ressonância ainda claramente detectável nos países ortodoxos, principalmente na Rússia) e augustino, no espírito da doutrina das "duas cidades", princípio do papo-cesarismo inerente ao Ocidente católico. Após a Reforma tal foi adoptado por uma diversidade de conceptualizações protestantes acerca da natureza do poder - desde a monarquia luterana até ao calvinismo profético liberal e a escatologia anabaptista. Torna-se necessário considerar a intencionalidade do poder no contexto civilizacional como fenómeno fractal não-linear, que reflicta a geometria própria de cada "holos" social.

Claro está, alguém em cada civilização deve tomar decisões nas questões que digam respeito às relações inter-civilizacionais - principalmente acerca da guerra e da paz, das alianças e das suas dissoluções, cooperação e intercâmbio, proibições, quotas e tarifas, etc. Podemos chamar-lhe o *pólo estratégico* de cada civilização. Esta instância é condicional e deriva de um espaço conceptual estritamente teórico no qual se concentram as decisões, afectando em menor ou maior grau a esfera das relações internacionais. Este pólo estratégico fará parte do mundo multipolar à medida que as civilizações aderirem ao multipolarismo, nomeadamente por intermédio da sobreposição de interesses ou da formulação do conflito, passando pela *instância do pólo.*

O pólo estratégico *devia* estar presente em todas as civilizações. A sua presença torna o sistema mundial em multipolar, mas a sua localização e o seu conteúdo, bem como a sua estruturação e ligações a outros patamares do poder pode ser único em todas as civilizações, não sendo parecido com nenhum outro.

Exemplo dum sistema complexo é o modelo decisor no Irão moderno, no qual a proporção soberana é proporcionalmente dividida entre as autoridades seculares e espirituais, na figura do presidente e da estruturação espiritual dos aiatolas. Na Arábia Saudita o Majlis, semelhante ao Parlamento, é a plataforma das decisões por consenso das três forças dominantes nesta sociedade: a numerosa família real, as autoridades espirituais do Islão salafita e os representantes das tribos beduínas mais importantes. Na China actual a complexidade do interesse político e económico quando se trata da área das relações internacionais deste país único encontram-se rigidamente controladas e reguladas pelo Partido Comunista. Na Índia o equilíbrio do parlamentarismo secular e do implícito sistema de castas dá origem a um modelo a vários patamares para a tomada das decisões mais importantes. Na Rússia há um sistema bastante estável, tenuemente coberto pelos procedimentos democráticos do modelo do paternalismo autoritário ocidental. Todas estas formas concretas de organização do pólo estratégico são tidas na conta de "anomalias" pelos padrões ocidentais, que devem ser sujeitas a uma "europeização", "ocidentalização", "modernização" e "democratização", eliminadas do sistema generalizado da sociedade civil global. Mas tal projecto parece cada vez mais utópico, mesmo aos olhos dos maiores defensores da democracia planetária. A este respeito é ilustrativa a mudança de opinião de Francis Fukuyama nos anos mais recentes, quando admitiu que as suas expectativas acerca de um "fim da História" estar eminente tinham sido claramente precipitadas, dado na via para a globalização e para a criação de um sistema democrata-liberal planetário ainda existirem muitos obstáculos difíceis de ultrapassar de modo a "finalizarmos a História" no futuro mais próximo[175].

Aceitando o modelo do mundo multipolar, os sistemas de poder enraizados nas características civilizacionais das sociedades tradicionais *não terão necessidade de se dissimular* sob os ambíguos padrões democráticos ocidentais. Um pólo civilizacional estratégico pode bem assumir explicitamente, reconhecendo-se como tal, o que implicitamente já se encontra nas sociedades não-ocidentais. Mas em vez de se sentirem "com remorsos" para com o inalcançável modelo ocidental (apresentado como "a norma universal") as civilizações terão a oportunidade de institucionalizar os seus próprios modelos de poder de acordo com as suas tradições, condição histórica das suas sociedades e a vontade daquelas instâncias sociais, porta-vozes do "holos" cultural da dita civilização, que sejam consideradas como detendo a maior autoridade e a maior competência.

[175]Фукуяма Ф. Идеи имеют большое значение. Беседа с А.Дугиным//Профиль. 2007.

O pluralismo civilizacional da TMM não insiste, em absoluto, na eliminação da democracia onde esta já se esteja presente ou, já agora, na prevenção do seu surgimento e maturação onde esteja ausente, fraca ou meramente nominal. Nada disso. A TMM não é anti-democrática. Mas também não é normativamente democrática, dado várias civilizações e sociedades não considerarem a democracia, na sua encarnação ocidental, como uma adição de valor nem como a forma mais ideal de organização social e política. Caso as sociedades o decidam, então passa a ter uma justificação de estrutura civilizacional e deve ser transformada em facto. Os defensores da democracia podem lutar pelos seus ideais e pelas suas crenças como bem entenderem. Podem vencer ou perder. Todas essas questões devem ser tratadas a nível interno em cada civilização, sem prestar atenção ao que o exterior considera como reprovador ou encorajador.

O pólo estratégico que deve existir graças ao carácter policêntrico do mundo multipolar não pode ter a mesma substância política do conceito do Estado-nação no sistema westphaliano. Esse sistema tinha por base a crença optimista acerca do universalismo da mente humana, o que mais tarde se comprovou ser um racionalismo *específico* do homem europeu da era moderna, vislumbrado de modo arrogante e presunçoso como sendo um "intelecto transcendente" de modo generalizado. O racionalismo europeu da era moderna está a tornar-se obsoleto, não passando de um mero *momento histórico local.* Esta compreensão gradual deve-se ao pós-modernismo em geral, e em particular à erosão do sistema westphaliano.

A TMM não oferece um novo universalismo que determine quem deve ser o portador do poder normativo nas novas unidades do sistema multipolar. Mas também não cai no êxtase caótico da rizomática irracional e semi-animalesca do pós-estruturalismo. As civilizações, como estruturas, como linguagens, têm todas as razões para empregar os seus próprios modelos de racionalidade, simetria hierárquica, que predetermina a estrutura das relações de poder, e, por fim, a estruturação política da sociedade (que não passa da reprodução do seu paradigma filosófico, evidente já nas obras de Platão e Aristóteles).

A questão do poder no mundo polar resolve-se da seguinte maneira: externamente, planeia-se um centro estratégico em cada civilização, este deve tomar o papel do sujeito no diálogo das relações internacionais. Este centro estratégico é a formalização da civilização e a sua *abreviação metonímica* no sistema multipolar. Mas a sua estruturação e substância, as suas relações com os patamares internos e os estratos da sociedade derivam das suas capacidades e da sua legitimação – tudo isto pode variar de modo qualitativo e fundamental. O multipolarismo proíbe que se avalia esta legitimação do exterior, ou seja que se efectue um juízo de valor quanto à substância do poder em civilizações que não a nossa. O conceito de centro estratégico permanece *muito especificamente fora do âmbito* da esfera das relações internacionais, mas estreitamente dependente do *acaso interno*, podendo ser configurado de acordo com os códigos culturais de cada sociedade tendo por base as suas características sociais, políticas e antropológicas.

Este princípio da TMM pode ser baptizado de "pluralidade do príncipe".

A solução

A abordagem fractal é a base da TMM em relação a todas as outras correntes das RI, quanto à soberania, à legitimidade dos intervenientes, legalidade dos processos nas relações internacionais, etc. Em todos os casos a solução mais correcta será o apelo às especifidades sociais e culturais únicas de cada civilização – estando ausente qualquer projecção prévia. A TMM requer como máxima a *percepção civilizacional* – ou seja, a habilidade de reflectir sobre a pertença a uma determinada civilização, em favor da qual se implementa a análise das relações internacionais bem como a penetração no sistema de valores civilizacional do objecto de estudo. Aqui na sua plena extensão encontram-se requisitos de suma importância, destinados aos antropólogos culturais que tenham por intenção estudar determinada sociedade arcaica. São estes requisitos:

- Conhecimento da língua,
- Observação participativa,
- Moratória das conclusões precipitadas e comparações morais entre o estrangeiro e o próprio,
- Ausência de preconceitos acerca da cultura estudada,
- Uma intenção sincera de desvendar como os membros dessa sociedade compreendem e interpretam o mundo que os cerca, as instituições sociais, tradições, simbologia, rituais, etc.

Tudo isto se encontra perfeitamente sistematizado e justificado por F. Boas e os seus seguidores[176].

A TMM exige aos cientistas políticos das relações internacionais

---

[176]См. Дугин А. Этносоциология. М.: Академический проект, 2011.

atributos de antropologia social e cultural, sem os quais nenhuma das suas conclusões acerca das estruturas políticas de determinada civilização e as relações entre essas detém validade e valor científico.

Quando se lidar com questões associadas ao problema da soberania, o portador desta e a estrutura em que se insere requerem uma compreensão prévia do seu campo civilizacional.

Como formulação conveniente a uma detecção mais exacta de onde exactamente se encontra o pólo estratégico de determinada civilização, podemos recorrer à proposta por C. Schmitt para a determinação da soberania. Diz este que: "a soberania é só uma, a de quem toma decisões em circunstâncias extremas"[177]. Circunstâncias extremas são aquelas nas quais o código civil responsável pelo arranjo das questões do governo em condições normais deixa de ser válido, deixa de ser aplicado e já não serve de base para a selecção de determinado comportamento, implicando a inclusão de um número significativo de pessoas com grande impacto social. A definição de Carl Schmitt é uma ferramenta útil para a localização do centro de poder em condições históricas problemáticas. Utilizando este critério, mal testemunhemos uma toma de decisões em circunstâncias extremas, obtemos automaticamente a *localização* do pólo de soberania. Quem quer que tome as decisões em circunstâncias extremas, é soberano, mesmo que não detenha a legitimidade ou a legalidade dum ponto de vista estritamente legal. O mesmo vale para o seu oposto, aquele que não decide numa situação de circunstâncias extremas não é soberano, mesmo que detenha formalmente a legalidade e a legitimidade.

Tal aparenta ser o parâmetro específico para determinar onde se encontra a soberania em *qualquer sistema político* – tanto aqui, onde o poder opera de modo aberto e transparente (potestas directa) como ali, onde age indirectamente e veladamente (potestas indirecta)[178]. Portanto, nas civilizações, com a sua incerteza e complexidade naturais dos grupos sociais, a determinação da soberania, do Príncipe, detecta-se *pela localização factual* da fonte decisora, e não o contrário. *Aquele que decide em circunstâncias extremas é o Príncipe, o detentor da soberania.*

Esta percepção acerca do poder decisor permite tratar as civilizações como um sistema aberto à História e repleto de uma poderosa energia existencial. Em determinada altura qualquer civilização do mundo multipolar terá de tomar uma decisão. E sempre que tal suceder a instância dessa decisão, teoricamente, pode flutuar

---

[177]Шмитт К. Диктатура. СПб.: Наука, 2005.

[178]Schmitt C.; *Der Leviathan in der Staatslehre des Thomas Hobbes*, Berlim, 1938.

para um segmento diferente da civilização. Tal complica de modo extremo a estruturação da lei internacional, tornando-a um tanto ou quanto espontânea e "ocasionalista" (ad hoc). Mas ao mesmo tempo liberta a plena força interior natural, potestas, elemento da existência histórica da necessidade de quebrar constantemente o sistema das normas legais que se transformaram em limitações, constrangendo o toque de vida da História imprevisível.

Aqui o conceito de caos nas relações internacionais, presente nos paradigmas clássicos, é bastante apropriado e relevante. O sistema internacional no contexto da TMM é um caos por permitir que o poder decisor ocorra em qualquer patamar civilizacional - previsível ou não. O direccionamento do poder decisor e a contenção dos seus elementos, formalização e legitimação - tudo isso é do foro interno de cada civilização. Mas, teoricamente, *a soberania não deve ser considerada um código legal, mas uma função factual da decisão efectuada sob circunstâncias extremas.* Neste caso, os pólos estratégicos das civilizações terão que lidar constantemente com uma série de desafios espontâneos e o drama histórico tornar-se-á mais rico, orgânico e dinâmico - em contraste com a rotina, militar ou pacifista, em que se tornaram as relações internacionais na era westphaliana ou no mundo bipolar, ou ainda no triste apogeu da fracamente desejada utopia da globalização.

O foco decisor em circunstâncias extremas é a concentração do espírito histórico; não se trata de uma dispersão dos desejos anatómicos nem dos instintos mais básicos, mas de uma movimentação vertical da intensidade do processo histórico.

As elites e as massas

O mesmo pode ser dito acerca da estratificação social das civilizações e a sua separação em classes mais altas e mais baixas, as elites e as massas, de acordo com V. Pareto. A geometria do topo social e da base social podem variar de civilização para civilização. O holismo das civilizações não-ocidentais pode ser estatal, de casta, teocrático, étnico, monárquico, democrático, misto - o que seja. Teoricamente, a sociedade ocidental pode também tornar-se noutra coisa qualquer embora, tendo por base a observação empírica, pressuponhamos que esta vá reter as suas atitudes individualistas e liberal-democratas, bem como a sua tendência à dispersão do corpo social tendo em vista a atomização da sociedade civil. E está no seu direito - organizar a sua sociedade de acordo com a sua própria vontade. Contudo, a democratização e a dispersão do poder não fazem desaparecer a desigualdade das classes e o gigantesco fosso entre a elite super-rica e todos os outros cidadãos. Por isso a desigualdade de classe (cuidadosamente camuflada no século XX graças ao crescimento da classe média, tendo tal abrandado recentemente de modo abrupto) dá lugar à construção das elites e das massas no Ocidente no mesmo espírito dessa hierarquização, tão denunciada e criticada pelos marxistas. As elites e as massas do Ocidente constituem-se de acordo com o critério de classe. O Ocidente acredita que tal é "normal" e "justo" e que outras formas de hierarquização devem ser rejeitadas por serem "desumanas", "bárbaras" e "não-democráticas".

No que toda à sua própria sociedade o Ocidente pode tomar as decisões políticas que bem entender. Mas quanto às sociedades não-ocidentais do mundo multipolar, esgotam-se as suas competências. As pessoas da cultura europeia moderna acreditam que a desigualdade material é "justa", mas a social já não. Os membros de outras civilizações, como a hindu, por exemplo, têm uma opinião completamente diferente. A lógica do "dharma" e as leis da "artha" levam a que os hindus encarem a justeza de um modo completamente diferente: é justo seguir a via da tradição, na qual se inclui a casta, e é injusto violar tal regra. O pobre nobre, preenchendo o seu karma, renascerá num mundo mais elevado. O rico indolente provavelmente reencarnará como porco. E tal é justo. A invasão dos critérios ocidentais nas estruturas tradicionais das outras sociedades é o cúmulo da injustiça enraizado numa atitude tipicamente racista e colonial.

É também injusto para os muçulmanos a cobrança de juros bancários (pois o tempo pertence a Alá e o dinheiro não gera dinheiro com a sua passagem – seria uma blasfémia e um sacrilégio, uma usurpação das prerrogativas do Senhor dos Mundos). A estratificação da sociedade islâmica pode parecer inaceitável para os hindus, tal como os chineses confucianos podem reconhecer no budismo um "anarquismo velado" e uma "associabilidade". As elites e as massas, classes altas e baixas, estão presentes em todas as civilizações. E desempenham, de modo geral, as suas funções em todo o corpo social, de acordo com a configuração desse mesmo corpo. Nalguns casos podem afectar a política externa e agir como "grupos de competência" (em contraste com a certeza dos realistas clássicos de que o indivíduo, parte das massas, não tem qualquer competência quanto aos negócios estrangeiros). Noutros casos não podem, quando assim é a sua influência quanto às relações internacionais é nula. Mas cada caso é um caso e depende de cada civilização. Neste caso não se aplicam nem os conceitos neo-liberais acerca de um aumento constante da competência das massas quanto às relações internacionais, nem o cepticismo realista.

A estratificação social das sociedades constantes da civilização não é um problema internacional, não possui uma forma universal e depende do centro estratégico de cada civilização, sendo irrelevante quão bizarro este possa ser: o governo, o parlamento, o imperador, o partido dominante, a aliança dos líderes religiosos, etc. O centro é tornado legítimo pelo próprio corpo social, o holos civilizacional.

Diálogo e guerra entre as civilizações

Descrevamos agora, em termos gerais, como a TMM considera a questão da guerra nas RI. A guerra faz parte da História humana e é um evento recorrente. Mais, de acordo com o conceito generalizadamente aceite, as guerras e as revoluções constroem a História. Quase todos os Estados conhecidos foram criados pela guerra ou emergiram no decurso de campanhas militares. As guerras estão também na origem de quase todos os grupos elitistas da História. A guerra, de acordo com Heraclito, "é o pai e o rei de tudo, manifestando-se por vezes como deus e por vezes como homem, criando tanto escravos como homens livres". A polis, como Estado, e a política como governo da polis estiveram sempre associadas ao elemento da guerra pela sua estrutura interna, directamente relacionada com a principal tarefa da manutenção da segurança da possibilidade de conquista por parte de outro inimigo estrangeiro.

Tentar acabar com a guerra é como tentar abolir a História ou fazer com que o homem desapareça da sociedade humana. Para minimizar o risco da guerra, ou até libertar-se deste por completo, pode ser a tarefa de determinadas culturas e tipos sociais ou de género (as mulheres são menos susceptíveis aos elementos da guerra e vislumbram-na mais como uma catástrofe e um fenómeno estritamente negativo). Mas a observação da História das sociedades humanas demonstra que a paz, tal como a guerra, é um fenómeno cíclico, sucedendo-se uma à outra de modo sequencial, não importa qual a sua duração.

Assim sendo, a TMM não exclui a possibilidade da guerra (do choque) entre as civilizações, mas não a considera como o único cenário possível.

Aqui devemos relegar-nos ao conceito *do diálogo*. O diálogo significa, em grego, "a conversação, levada a cabo com alguém", onde se transmita uma tomada de posição (δια – de um para o outro). Esse diálogo pode exprimir-se pela palavra, mas também pelo gesto. Tanto um como o outro podem ser pacíficos ou agressivos, dependendo da situação o diálogo pode ser rígido. Por fim, *a guerra pode também ser uma forma de diálogo*, por intermédio da qual uma parte *afirma* algo à outra de forma rígida.

O diálogo não implica necessariamente a igualdade dos oradores. A própria estruturação da linguagem humana é hierárquica, pelo que a pronunciação das frases no decorrer do diálogo pode bem ser um emprego da vontade de poder ou da estratégia do domínio. Tal confirma, novamente, que a guerra pode também ser uma forma de diálogo.

Na TMM por princípio emprega-se o diálogo entre as civilizações, e este pode ter dois extremos - o pacífico e o hostil. Em qualquer dos casos referimo-nos à mensagem, a comunhão entre um e outro, a comunicação e, respectivamente, a socialização da civilização ou das múltiplas civilizações ao mesmo tempo num sistema comum de relações internacionais. As civilizações dialogam de modo constante. Por vexes durante milhares de anos, no decorrer dos quais os povos, as culturas e as religiões se misturam, entrelaçam, convergem e se absorvem ou separam umas das outras, etc. Assim, não podemos *iniciar* o diálogo entre as civilizações e também não o podemos *travar*. Ocorre por si mesmo, e toda a História da humanidade pode ser contemplada como um *diálogo continuo*.

Mas as civilizações tornam-se nos principais intervenientes das relações internacionais só dadas determinadas situações, de acordo com a TMM, vivemos hoje em tal situação e, assim sendo, a estruturação do diálogo de civilizações requer, por sua vez, uma nova compreensão e uma reflexão acrescida. Esse diálogo requer precisamente a sua *formalização*. Como, acerca do quê e porquê se envolvem as civilizações num diálogo?

O diálogo entre as civilizações tem por base um par de identidades - o nós e o eles são uma característica inerente a qualquer sociedade. A sociedade só se consegue reconhecer como tal quando confrontada com outra sociedade, pela *percepção* do outro. Dado a civilização ser o sistema de sociedade mais complexo consistindo, por sua vez, de patamares e estratos tanto hierárquicos como sequenciais, então os patamares desta reflexão civilizacional acerca da sua identidade requer ferramentas especiais, qualitativamente muito mais complexas que os modelos e os processos de identificação de outras unidades de base. A identidade civilizacional tanto para a aprovação própria como para a oposição ao outro e, consequentemente, da constituição da imagem do outro, requer a mais sofisticada das reflexões. Esse nível expressa-se normalmente por intermédio de uma filosofia ou de uma teologia, tradição espiritual, concentrada na elite intelectual mas divergindo tangencialmente em todos os estratos da sociedade até à sua camada mais baixa. Aquilo que é a filosofia ou a teologia para as elites, torna-se na mentalidade, psicologia e cultura geral das massas. Mas a todos os níveis – desde a percepção dos fundamentos filosóficos até aos clichés inconscientemente mentais e psicológicos, eventos históricos, reformas políticas, feitos artísticos e científicos e práticas económicas – a identidade civilizacional é aprovada e, como tal, contrasta necessariamente com as identidades das civilizações vizinhas. Trata-se, nomeadamente, do diálogo de civilizações: a comparação constante entre uma e outra, o intercâmbio de elementos soltos, a rejeição de outros, a revelação dos sentidos nas alterações semânticas, que distorcem os elementos da outra civilização. Em determinados casos a presença do outro torna-se na premissa da guerra. Noutros, o diálogo desenrola-se de modo pacífico e construtivo.

As civilizações dialogam acerca da redefinição constante do equilíbrio entre si e os outros, entre a identidade e a alteridade. Este diálogo não possui um objectivo final, pois não é encetado para persuadir o outro da nossa certeza, mas ao utilizarmos a imagem do outro como norma para nós mesmos (nalguns casos devido a uma expansão extrema e, noutros, a uma passividade extrema) tal pode ocorrer. Mas o seu propósito não é o de concretizar um objectivo, mas perante o diálogo, que em determinadas circunstâncias do processo histórico em aberto se encontra sempre embebido numa série de eventos históricos, bojudo para patamares diferentes, seja da reforma religiosa ou política, do surgimento de uma nova teoria filosófica de comunhão civil, uma insurreição dinástica, um ciclo económico de ascensão e queda, novas descobertas, expansões ou contracções, movimentos étnicos, etc., o diálogo conta com a participação de todos os patamares da estruturação da civilização e decorre em todos eles.

Mas esse diálogo formaliza-se na figura da elite intelectual, que o pode reflectir de modo apropriado, definidos os parâmetros da sua própria identidade e da do outro. Em grande extensão, configura nomeadamente a imagem do outro, atribui-lhe uma ou outra característica, resolve correcta ou incorrectamente as unidades semânticas dessa civilização, com a qual se encontra em diálogo.

Com o aumento do nível da formalização da civilização, aumenta também o papel da elite intelectual, que se torna na portadora do diálogo de civilizações, não só por inércia mas porque essa é a sua função. E essa função obtém uma crucial dimensão internacional, dada a estruturação do diálogo de civilizações depender directamente da estruturação das relações internacionais no mundo multipolar. Dado que o pólo estratégico é a instância *decisora* e a razão de ser da soberania civilizacional, então o *sentido* da civilização concentra-se na sua elite intelectual que, devido às circunstâncias do multipolarismo, vê o seu estatuto aumentar na esfera das relações internacionais. Esta elite é dotada de poder para substanciar semanticamente o multipolarismo e implantar processos significativos, constitutivos do panorama das relações internacionais e, consequentemente, da História da humanidade.

No diálogo de civilizações a elite intelectual deve descartar todos os factores – económicos, tecnológicos, materiais, recursos, logística, etc. – que não os da exegese teológica, da sinalética, conceito, imagem, teoria filosófica que sejam representativos do grosso da mensagem sintética de uma civilização para a outra. O conteúdo dessa mensagem em cada caso, dependerá em grande parte das inclinações da História mundial – guerra e paz, conflito e cooperação, declínio ou ascensão.

O diálogo não pode resumir-se à competição, ao estabelecimento de relações hegemónicas, à convicção de uns em reinarem sobre os outros, etc. O diálogo de civilizações é um campo fraccionário irredutível da História livre e espontânea, improgramável e imprevisível como o futuro, em todo o caso é considerado como o horizonte construído pela intelecção e pela vontade. A intelecção diz respeito à área de competência da elite intelectual da civilização, a vontade ao pólo estratégico e decisor. Juntos, estes princípios constituem o *holograma da civilização*, o seu mediastino simbólico vívido, o plexo solar dos nervos civilizacionais.

O poder, a economia, os recursos materiais, a competição, a segurança, os interesses, o conforto, a sobrevivência, o orgulho ou a agressão não são as motivações de base para a existência histórica das civilizações no âmbito do mundo multipolar, essas são o processo do diálogo espiritual que, em todo o lado e sob qualquer circunstância, pode adquirir um carácter positivo e pacífico tanto como agressivo e bélico. "As batalhas espirituais – como escrever A. Rimbaud em 'Une Saison en Enfer' ('Uma Temporada no Inferno') – são tão brutais quanto as batalhas dos homens.[179]" É óbvio que a civilização moderna ocidental está cansada da História e já não se inspira nos amplos horizontes da sua liberdade. Daí o empenho em terminar o mais

[179]Рембо Артюр. Стихотворения. М.: Художественная литература, 1960.

depressa possível, completando o seu processo histórico. Mas a especifidade da TMM consiste, nomeadamente, na abertura e no triunfo da oportunidade de ver o mundo, o tempo e a era por mais que pelos olhos do Ocidente; e tal significa que o diálogo de civilizações de conceptualiza não como algo mecânico, rotineiro e com um só propósito – "evitar a guerra" – mas como algo denso, vivo, imprevisível, intenso, significativo, riscado e aberto, com um desfecho desconhecido.

Diplomacia: antropologia e tradicionalismo

As teorias clássicas das RI dotam de poder determinado grupo de pessoas, imersas na planificação e na concretização da política externa do Estado. Trata-se do corpo diplomático. A sua importância nas relações internacionais é de suma importância, pois da competência e eficácia dos diplomatas dependem grande parte de toda a estrutura das relações internacionais. Não são os diplomatas quem determina a política externa. Essa decisão, por norma, é tomada pelo chefe de Estado ou por qualquer outro corpo governativo. Mas o corpo diplomático implementa essas decisões, e as relações internacionais dependem muito, muito mesmo, da capacidade dos diplomatas em levarem a cabo essa tarefa. É por essa ração que o engajamento do sistema westphaliano na diplomacia obrigava a um treinamento especial, à familiaridade com os vários países e as várias psicologias nacionais, dotes especiais quanto ao comportamento e à condução das negociações. Na maior parte das vezes os diplomatas representam a elite da sociedade e são recrutados dos seus estratos mais altos.

O multipolarismo exige ainda mais aptidões ao corpo diplomático. As relações inter-civilizacionais resumem-se ao diálogo. Em tempo de paz este diálogo alcança o seu maior nível de formalização graças à acção do corpo diplomático, representante das civilizações. Esta diplomacia, no contexto da TMM, atinge uma nova dimensão qualitativa: é a missão de um hábil diálogo inter-civilizacional. Vimos anteriormente que na TMM os responsáveis pelo dito diálogo são as elites intelectuais das civilizações. Consequentemente, o corpo diplomático deve ser parte integral dessa elite. Pertencer à elite intelectual requer uma profunda reflexão acerca da identidade da sua própria civilização, incluindo todos os seus patamares multidimensionais e padrões não-lineares. Assim sendo, os representantes da elite intelectual, por definição, devem manifestar-se graças aos seus feitos extraordinários no campo da filosofia (e/ou da teologia). Tal pressuposto estende-se também, por completo, aos diplomatas. Contudo, aos diplomatas que falam em favor de determinada civilização, exige-se ainda outra competência. A habilidade compreender a estrutura da *outra civilização* com a qual interage em diálogo e, de acordo com tal, dominar ou recriar o melhor sistema para a mais correcta tradução dos significados (sentidos, mesmo que aproximados) de uma civilização para a outra. Para além de reflectir a sua própria identidade, o diplomata do mundo multipolar deve possuir a habilidade de compreender *a identidade do outro*, de a penetrar ao ponto de a compreender. Tal requer o domínio de várias disciplinas, aproximadamente presentes nos diferentes contextos civilizacionais.

A este respeito devemos recusar de imediato a hegemonia ocidental, a pretensão de ser explicar de modo universal todos os principais sistemas sociais, políticos e ideológicos (tendo por base os critérios e as normas da própria civilização ocidental). A versão ocidental das Humanidades (filosofia, história, sociologia, direito, ciência política, estudos culturais, etc.) encontram-se plenamente impregnadas com o etnocentrismo e o desejo epistemológico à hegemonia. Assim, tendo tal por base afasta-nos do contexto do multipolarismo e com a aparente facilidade de aceder à análise e à sistematização ocidental acerca das culturas e filosofias dos outros é o modo mais fácil, mas também o mais distante e o que leva a nenhum lado, sendo inaceitável. Este deve ser descartado, considerado como impróprio para a formação do corpo diplomático do mundo multipolar.

Só na periferia da ciência e da filosofia ocidentais poderemos encontrar algumas das técnicas e teorias que podem de servir como base conceptual para a educação dos profissionais devotos ao diálogo de civilizações[180]. Antes de mais, trata-se da *antropologia social, cujos representantes desenvolveram o método para o estudo das sociedades arcaicas com o objectivo de as libertar da projecção das teóricas ocidento-cêntricas sobre os objectos de estudo. Os antropólogos desenvolveram um sistema de regras que permitem uma maior aproximação, o mais fidedigna possível, ao modo de vida das sociedades não-ocidentais, permitem determinar a estruturação das suas ideias simbólicas e mitológica e compreender a complexidade das taxonomias mais profundas (que contrastam normalmente com as sistematizações do homem ocidental). Aqui, no âmbito da ciência ocidental, aplicam-se os métodos antropológicos de modo quase exclusivo às culturas*

---

[180]Дугин А. Этносоциология. М.: Академический проект, 2011.

iletradas, deixando a análise das sociedades mais complexas (ou seja, das civilizações) para as disciplinas clássicas – filosofia, história, sociologia, estudos religiosos, etc.

No contexto do mundo multipolar esta abordagem antropológica pode ser aplicada ao estudo das civilizações. E se aderirmos de modo estreito às regras da antropologia cultural, temos a oportunidade de fazer com que os especialistas e os intelectuais fiquem verdadeiramente livres da epistemologia da hegemonia ocidental, conseguindo compreender aprofundadamente aqueles códigos civilizacionais que não sejam os seus e ainda conseguirem desconstruir as identidades complexas que lhes são típicos.

A diplomacia na TMM tem que estar rigidamente ligada à antropologia e as competências diplomáticas devem ter por base a subtil presença das aptidões básicas da praxis antropológica.

A segunda via para a organização da diplomacia inter-civilizacional nas circunstâncias do mundo multipolar é a filosofia tradicionalista[181]. A maior parte das civilizações actuais não passam de sociedades tradicionais com um ligeiro nível de modernização. E na sociedade tradicional a religião, o sagrado, o simbólico, o ritual e o mito ocupam, como se sabe, um papel crucial. As várias religiões têm por base a sua própria complexidade teológica, irreduzíveis ou não a outras complexidades, mas quando o são é com a sujeição a uma grande elasticidade que lhes distorce o sentido original. As várias religiões fundamentam-se com as suas próprias tentativas teológicas para a criação de um modelo sincrético que facilite o diálogo inter-confessional, o que não leva a lado nenhum pois batem de frente com a ortodoxia conservadora e tal dá origem a uma onda de protesto na sua própria civilização. Assim sendo, não podemos utilizar como base para a prática da diplomacia na comunicação inter-confessional nem o secularismo (ocidental) nem o sincretismo religioso, pois ambos reduziriam de modo significante os aspectos mais importantes do diálogo de civilizações.

Perante esta situação só vislumbramos uma solução: assumir como base a filosofia do tradicionalismo (R. Guénon, J. Evola, M. Eliade, etc.), um projecto identificativo do mapa semântico, comum a todas as sociedades tradicionais – principalmente na sua oposição à sociedade secular ocidental da era moderna[182]. A própria sociedade secular do Ocidente é analisada pelos tradicionalistas *do ponto de vista da sociedade tradicional, o que a torna no método ideal*

---

[181] Генон Р. Восток и Запад. Великая триада. М., 2005.

[182] Генон Р. Кризис современного мира. М.: Арктогея, 1991.

para a maior parte das civilizações[183].

O pleno e correcto diálogo semântico entre as civilizações só pode ser construído tendo por base o tradicionalismo filosófico.

Tendo realçado os principais preceitos da diplomacia secular, obtemos as bases para o seu desenvolvimento. Outra das suas competências é a familiaridade para com as condições tecnológicas das outras civilizações, bem como os aspectos técnico-militares e estratégicos, a demografia, a ecologia, os problemas da migração social, etc., claro está, também fazem parte dos pré-requisitos necessários à preparação dos diplomatas profissionais. Mas o diálogo de civilizações pressupõe, acima de tudo, *a criação de um canal para a correcta transferência de significados (noções)*. Sem este canal toda a complexidade da sabedoria técnica ficará privada de uma base sólida e não representará mais do que um conhecimento inútil e distorcido. À cabeça da diplomacia multipolar não devem estar as questões da guerra e da paz, do comércio ou dos embargos, da migração ou da segurança, das sanções económicas ou do volume de negócios: devem, pelo contrário, estar as noções filosóficas e a circulação de ideias (no sentido platónico). Assim, a diplomacia transforma-se numa espécie de profissão sagrada.

Economia

De acordo com as regras do discurso moderno, nenhuma teoria ou projecto está isento de um programa económico e de corresponder aos cálculos e às estimativas deste. É natural que se coloque a seguinte questão: em que modelo económico se baseará o multipolarismo?

No caso do mundo unipolar ou global, temos uma resposta bem definida: a economia mundial actual tem por base o sistema capitalista, e quaisquer projectos futuros serão desenvolvidos tendo tal por base. Aqui torna-se quase axiomático que o capitalismo entrou agora na sua *terceira fase* de desenvolvimento (economia pós-industrial, sociedade da informação, economia de conhecimento, o turbo-capitalismo de E. Luttwak, etc.) que se caracteriza por[184]:

- O domínio qualitativo do sector financeiro sobre o industrial e o agrário;
- O aumento desproporcional do mercado da bolsa, dos fundos de retorno absoluto e outros instrumentos estritamente financeiros;
- Mercados extremamente voláteis;

---

[183]Генон Р. Царство количества и знаки времени. М., 2004.
[184]Дугин А. Конец экономики. СПб: Амфора, 2009.

- O desenvolvimento de redes transnacionais;
- Absorção pelo sector terciário (serviços) do secundário (produção) e do primário (agrícola);
- Deslocalização da indústria dos países do "Norte rico" para os do "Sul pobre";
- A divisão global da mão-de-obra e o aumento da influência das empresas transnacionais;
- O rápido progresso das tecnologias de ponta (guiadas pela precisão e pela informação);
- Aumento do significado do espaço virtual para o desenvolvimento dos processos económicos e financeiros (mercados electrónicos da bolsa, etc.).

Tal é o actual panorama da economia mundial e, caso tudo se mova de acordo com o cenário da inércia, o do futuro mais próximo. Contudo, *tamanho modelo económico não é compatível com o multipolarismo*, dado estar enraizado na implementação dos códigos económicos ocidentais à escala planetária, na homogeneização das práticas económicas de todas as sociedades, no apagamento das diferenças civilizacionais e, consequentemente, na abolição das civilizações perante um sistema cosmopolita único, agindo de acordo com regras e protocolos universais, formulados e aplicados pela primeira vez pelo Ocidente capitalista em proveito próprio. A economia global moderna *é um fenómeno hegemónico*. Tal é claramente demonstrado pelos neo-marxistas nas RI, mas de modo generalizado é também reconhecido pelos realistas e pelos liberais. Contra isto movem-se em grande parte as teorias pós-positivistas (a teoria crítica e o pós-modernismo). A preservação deste sistema económico não é compatível com a implementação do projecto multipolar. Assim sendo, a TMM tem que cingir-se a teorias económicas alternativas.

Como tal, será útil uma análise atenta à crítica marxista e neo-marxista dos sistemas capitalistas e a análise das suas contradições fundacionais, bem como a identificação e a previsão da natureza das crises inevitáveis[185]. Os marxistas falam normalmente acerca do colapso do capitalismo e vêem a sua manifestação nas ondas das crises económicas que chocam a realidade desde 2008, desde o colapso do sistema de hipotecas americano. Embora os próprios marxistas acreditem que a crise final do capitalismo só deva ocorrer após a

[185]Wallerstein I.; *Decline of American Power: The U.S. in a Chaotic World*, Nova Iorque: New Press, 2003.

internacionalização final e advento das duas classes globais (a burguesia mundial e o proletariado mundial), a interpretação e a previsão que fazem das crises são muito realistas. Ao contrário dos marxistas, os apologistas da TMM não devem adiar o multipolarismo, aguardando o toque de finados da globalização. É bem provável que a próxima crise inflija um golpe mortal ao sistema capitalista mundial, sem esperar a concretização da globalização ou da cosmopolitização das classes. Isto pode bem dar origem à Terceira Guerra Mundial. Seja como for, o actual modelo económico global no futuro mais próximo irá, muito provavelmente, ver-se a braços com uma crise fundamental e irreversível. Provavelmente deixará de existir, pelo menos na sua actual forma[186]. Já conseguimos testemunhar hoje as últimas limitações da nova economia e do modo pós-industrial, é fácil vislumbrar que dados mais alguns passos o sistema, muito provavelmente, irá colapsar.

Que pode a TMM propor em vez do pós-industrialismo na esfera económica?

As directrizes deverão ser:

- Derrube da hegemonia capitalista do Ocidente,
- Rejeição da pretensão da economia liberal e do modelo de mercado como algo universal e norma global auto-evidente, e, assim sendo,
- Pluralismo económico.

A economia multipolar deve ter por base o reconhecimento dos vários pólos e também no mapa económico do mundo.

A procura por alternativas económicas deve ser levada a cabo no campo filosófico, rejeitando, ou pelo menos relativizando, o significado e o valor do factor material e hedonista. Reconhecer o mundo material como sendo o mais importante ou o único e do bem estar material como o mais alto valor espiritual, social e cultural levará inevitavelmente ao capitalismo e ao liberalismo, ou seja a concordar com a legitimidade da hegemonia económica do Ocidente. Mesmo que os países não-ocidentais queiram virar os processos económicos em seu favor e minar o monopólio ocidental na esfera da economia de mercado à escala global, mais cedo ou mais tarde a lógica do capital irá impor a esses países e civilizações a que pertencem os mesmos padrões de hoje. Nisto têm razão os marxistas: o capital tem a sua própria lógica e, uma vez aceite,

[186]Дугин А. Конец экономики. Указ. соч.

esta levará o sistema político e social ao modelo burguês, em tudo idêntico ao ocidental. Assim, opor-se à hegemonia do "Norte rico" exprimindo uma lealdade ao sistema capitalista é uma absoluta contradição e um obstáculo fundamental à construção do verdadeiro multipolarismo.

O sociólogo americano P. Sorokin vislumbrou claramente as limitações da civilização materialista ocidental, à qual chamava de sistema sociocultural "sensual"[187]. Do seu ponto de vista, a sociedade económico-cêntrica fundamentada no hedonismo, no individualismo, no consumismo e no conforto está destinada à extinção iminente. Será substituída pelo ideacional[188]. A sociedade que dá a primazia aos valores radicalmente espirituais e anti-materiais. Este prognóstico pode bem ser uma pista para a TMM quanto à sua relação com a economia de modo geral. Vemos no multipolarismo a via do futuro e não a continuação do actual, devemos então seguir a intuição deste grande sociólogo.

Hoje a maior parte dos economistas tanto o Ocidente como do resto do mundo estão convencidos de que não existem alternativas à economia de mercado. Tamanha confiança equivale a acreditar que todas as sociedades se movem pela sua atracção pelo conforto material e pelo consumismo, consequentemente nem se pensa em multipolarismo. Uma vez que reconheçamos que a economia é o destino final, reconhecemos automaticamente que a economia liberal é o destino final e, assim sendo, a hegemonia económica do "Norte rico" torna-se natural, justificada e legítima. Os outros países têm meramente que se "pôr a par", o que na estruturação do sistema mundial levará à globalização, à estratificação das classes e ao desvanecer das fronteiras civilizacionais (aqui I. Wallerstein tem toda a razão).

Daqui deriva a conclusão mais lógica: o modelo económico do mundo multipolar deve ter por base a rejeição do económico-centrismo e à redução dos factores económicos a um patamar mais baixo que os factores sociais, culturais, religiosos e políticos. *O destino não é a mateira, mas o ideal*, assim sendo não é a economia quem deve ditar a esfera política mas a esfera política quem deve dominar sobre as motivações económicas e a sua estruturação. Sem a relativização da economia, sem a subordinação do material ao espiritual, sem a transformação da esfera económica em subordinada e secundária perante a dimensão da civilização em geral, é impossível o multipolarismo.

---

[187] *Сорокин П.А.* Социальная и культурная динамика. М.: Астрель, 2006.

[188] Aquilo a que os eurásicos chamam de "ideocrático".

Consequentemente, a TMM tem que rejeitar todos os tipos de conceitos económico-cêntricos – tanto liberais como marxistas (dada a economia marxista também estar também concebida como detentora de um destino histórico). O anti-capitalismo e, principalmente, o anti-liberalismo devem ser os principais vectores do desenvolvimento da TMM.

Dada a necessidade de adopção de directrizes positivas há que ter em conta uma variedade de conceitos alternativos, que até agora têm sido mantidos à margem das economias económicas clássicas (por razões meramente hegemónicas, torna-se óbvio).

Como primeiro passo para a destruição do sistema económico global devemos, provavelmente, referirmo-nos à teoria da "autarquia dos grandes espaços" (Friedrich List), que inclui a criação de zonas económicas circunscritas aos territórios pertencentes a uma mesma civilização[189]. No perímetro desses territórios devem alinhar-se as barreiras alfandegárias, configuradas de modo a promover no seio da dita civilização o mínimo dos bens e serviços necessários para satisfazer as necessidades da população e o desenvolvimento da capacidade produtiva interna. Mantém-se o comércio internacional com os outros "grandes espaços", mas organizado de modo a que nenhum "grande espaço" se torna dependente do abastecimento estrangeiro. Tal assegura a reestruturação de todo o sistema económico no seio de cada civilização, de acordo com as características regionais e as necessidades do mercado interno. Uma vez que por definição as civilizações são zonas demograficamente relevantes, as perspectivas do mercado interno são mais que suficientes para um desenvolvimento intensivo.

Em paralelo, devemos levantar já a questão da criação de um sistema de moedas regionais e a rejeição do dólar como moeda da reserva mundial. Cada civilização deve criar a sua própria moeda, assegurada pelo potencial económico do seu "grande espaço". O policentrismo das entidades emissoras, neste caso, seriam uma expressão directa do multipolarismo económico. Aqui, devemos também rejeitar qualquer tipo de padrão universal de pagamentos inter-civilizacionais: as taxas de câmbio devem ser determinadas pelas estruturas qualitativas dos negócios estrangeiros entre duas ou mais civilizações.

---

[189]Дугин А. Конец экономики. Указ. соч.

Acima de tudo deve colocar-se *a economia real*, dizendo respeito especificamente à quantidade dos bens e dos serviços.

A aceitação destas regras irá criar os pré-requisitos para uma maior diversificação dos modelos económicos de cada civilização. Abandonando o espaço do capitalismo liberal global e tendo organizado os "grandes espaços" de acordo com as suas características civilizacionais (ainda na base do mercado), no futuro as civilizações conseguirão construir um modelo económico de acordo com as suas tradições culturais e históricas. Na civilização islâmica, provavelmente, será imposta a moratória acerca do crescimento bancário do dinheiro. Noutras civilizações será possível cingirem-se às práticas socialistas da redistribuição dos excedentes por um qualquer esquema (por intermédio do controlo tributário, pela teoria do economista francês Jean C. Sismondi, ou outros – até à introdução dos métodos da economia planificada e do dirigismo[190]).

O pluralismo económico das civilizações deve ser desenvolvido passo a passo, sem quaisquer prescrições universalistas. Sociedades diferentes podem criar modelos económicos diferentes – tanto de mercado como mistos, ou planificados, tendo por base as práticas económicas da sociedade tradicional, bem como as novas tecnologias pós-industriais. A principal tarefa é a destruição do dogmatismo liberal, a hegemonia da ortodoxia capitalista e o enfraquecimento da função global do "Norte rico" como principal beneficiário da organização da divisão laboral ao nível planetário. A divisão da mão-de-obra deve ser empregue apenas dentro dos "grandes espaços", caso contrário as civilizações ficarão dependentes umas das outras, o que causaria o surgimento de novas hegemonias.

Comunicação social

A comunicação social ocupa um papel extremamente importante na actual estrutura das relações internacionais. Criam um ambiente informativo único a nível planetário, afectando cada vez mais os processos internacionais. A comunicação social globalizou-se e por intermédio do seu discurso contribui para o processo da globalização (no interesse do Ocidente). A comunicação social mundial é uma ferramenta importante do Ocidente para a modelação da opinião pública e é, de facto, um instrumento para o *domínio global*. Para o desenvolvimento do mundo multipolar é necessário iniciar uma guerra frontal contra a comunicação social globalista.

---

[190]Дугин А. Конец экономики. Указ. соч.

O papel da comunicação social na sociedade tradicional é extremamente limitado. O crescimento da sua influência está directamente relacionado à era moderna, à democracia burguesa e à sociedade civil. A comunicação social é um elemento constitutivo da democracia e finge encarnar em si mesmo a *dimensão adicional*, espaço intermédio entre o poder e a sociedade, a elite e as massas. Nesse espaço constitui um novo modelo de tipo normativo, afectando as massas como *comando velado*, estabelecendo uma ontologia especial com a sociedade democrata (o que se fala na comunicação social, é o que existe; o que é omitido pela comunicação social, não existe). Para o poder a comunicação social precede a opinião pública, ou seja, *substitui as massas*. Assim, o espaço da comunicação social serve para remover as tensões entre os estratos mais altos e os mais baixos da sociedade, transformando as suas relações hierárquicas na *horizontalidade do ecrã da TV* (da página do jornal, do computador, tablet, telemóvel, etc.) O espaço da comunicação social é um *duplo simulacro*: é um simulacro do poder e um simulacro da sociedade[191].

A globalização estende este princípio a toda a humanidade, transformando-a num simulacro global.

Na comunicação social projecta-se a realidade do governo mundial e, à mesma luz, projecta-se (de baixo) a realidade da sociedade global. Tal dá origem a um mundo virtual que encarna as realidades projectadas pelo capital e pela construção da hegemonia global. A independência da comunicação social dos Estados-nação torna-a numa zona privilegiada para a disseminação das estruturas pós-modernas. Como tal, testemunhamos de modo mais claro o campo de transição entre a modernidade e a pós-modernidade, sendo a realidade mais palpável substituída pela virtualidade.

A comunicação social global estabelece os exemplos para a comunicação social nas civilizações não ocidentais, ajustando-as ao projecto virtual generalizado. À medida que aumenta o papel da comunicação social, as estruturas da sociedade tradicional são ignoradas ou sujeitas a um ataque planeado e sistemático, tendo como objectivo a sua erosão e enfraquecimento.

A comunicação social é burguesa por natureza e comporta o cunho da cultura ocidental. Assim sendo, para a construção do mundo multipolar é necessário reconsiderar qualitativamente o seu papel na sociedade. Deste modo podemos realçar dois passos.

O primeiro passo é a criação de uma cadeia de *canais civilizacionais*,

---

[191]См. Дугин А. Поп-культура и знаки времени. СПб: Амфора, 2005.

que serviriam constantemente de porta-voz dos processos integracionistas e fortaleceriam a identidade civilizacional. Neste caso, a comunicação social civilizacional conseguiria minar o monopólio da comunicação social global (como tal subordinada aos interesses do Ocidente) e criar as condições prévias à consolidação dos grupos culturais e sociais em redor do eixo civilizacional comum.

O segundo passo seria relegar a comunicação social ao contexto das estruturas da sociedade, onde seja criada tendo por base a raiz civilizacional, tendo em conta os códigos culturais que lhe são específicos. Não podemos excluir que em determinadas civilizações a comunicação social, como fenómeno, pode ser completamente eliminado, pois deixarão de existir padrões universais acerca desta questão e a opção da organização das relações entre o poder e a sociedade, as elites e as massas, será determinada tendo por base a livre investigação civilizacional. Algumas civilizações podem ter um espaço para o "simulacro democrático" e para um duplicado virtual da realidade, enquanto que outras provavelmente preferirão abandoná-lo por completo.

Conclusão

Os presentes cálculos teóricos são prolegómenos à completa TMM. O nosso objectivo era determinar a substância do conceito de "multipolarismo" e comparar a TMM às teorias actuais das RI, aproximando-nos da formulação de alguns dos princípios basilares desta teoria. As análises que levámos a cabo podem ser vistas como uma preparação para os alicerces para a plena construção de uma TMM mais pormenorizada. Os principais meios para o emprego da teoria foram delineados de modo geral. A formulação aprofundada destas premissas pertence ao futuro, como algo que devemos mesmo encetar.

O pluralismo, colocado no centro da abordagem multipolar, exclui qualquer forma de dogmatismo. É inútil debater acerca dos pormenores da ordem multipolar, os passos para a construção do mundo multipolar, a localização das fronteiras entre as civilizações e as nuances da formulação legal do novo sistema de relações internacionais. Até mesmo o número dos intervenientes do mundo multipolar é uma questão ainda em aberto.

Uma das versões da ordem quadripolar (polarismo quádrico), desenvolvido pela teoria eurásica tendo por base os conceitos geopolíticos, será descrita no segundo volume desta obra[192]. Nesta primeira parte foi importante constituir um primeiro glossário dos

[192]NDE: Dugin, Alexandr; *Geopolítica do Mundo Multipolar*, Curitiba: Austral, 2012.

termos empregues na TMM, relacionando-os no contexto das RI como ciência política específica e já bem estabelecida. Tal permitir-nos-á agora trabalhar com um modelo conceptualizado da TMM, postulando alguns dos pontos base, mas mantendo a abertura para mais desenvolvimentos e especificações do foro mais sectorial de várias áreas.

Era essencial concretizar a passagem teórica do uso de um termo extremamente vago e indefinido como "multipolarismo"/"mundo multipolar" para uma base teórica no seio da qual obtemos um sentido mais estreito, embora ainda aberto a uma maior compreensão.

Na segunda parte a teoria do multipolarismo e os seus principais pontos lidarão com a geopolítica, cujas referências nos abstivemos, deliberadamente, de efectuar neste primeiro volume, de modo a preservar a pureza terminológica e a cingir-nos às delimitações das RI como disciplina independente. O emprego da metodologia geopolítica irá auxiliar a uma compreensão mais ampla e profunda do multipolarismo como fenómeno e como projecto.

Por fim, numa terceira parte iremos apresentar uma colecção de textos de carácter geopolítico, político, filosófico e sociológico, descrevendo os parâmetros do panorama histórico no qual a Humanidade ainda reside, clarificando algumas das características mais importantes do multipolarismo.

www.ingramcontent.com/pod-product-compliance
Lightning Source LLC
LaVergne TN
LVHW090612110826
845146LV00001B/358